军迷·武器爱好者丛书

# 俄罗斯尖端武器

张学亮/编著

JUNMI WUQI AIHAOZHE CONGSHU

海豚出版社
DOLPHIN BOOKS
中国国际传播集团

# Foreword

# 前言

　　俄罗斯作为军事大国，其现役的陆军、海军、空天军及火箭军均装备有众多尖端武器。

　　海军方面，俄罗斯的海上力量不容小觑，其"北风之神"级战略核潜艇是战略核潜艇中的佼佼者，下潜很深，并装备了高超声速机动弹头，具有强大的核威慑能力。此外，俄罗斯的护卫舰，配备先进的防空导弹系统和巡航导弹，增强了海上作战能力。

　　陆军方面，俄罗斯拥有 T-14 "阿玛塔"主战坦克，这是世界上首款第四代主战坦克，具备高度信息化和防护能力，其火炮口径大，且炮塔顶端两侧安装了可 360 度旋转的烟幕弹发射器，增强了战场生存能力。

　　火箭军方面，俄罗斯拥有多型洲际弹道导弹，如"萨尔马特"洲际弹道导弹，其射程远、威力巨大，是俄罗斯战略威慑力量的重要组成部分。

　　空天军方面，俄罗斯的图 -160 "海盗旗"战略轰炸机是世界上最大的轰炸机之一，具备超声速飞行能力和巨大的载弹量，是俄罗斯空天军的重要打击力量。此外，俄罗斯还研发了 A-100 预警机，该预警机装备了独特的天线系统和最新专业无线电设备，能够精准探测和跟踪海陆空三方位的敌方目标。

# Contents

目录

# Contents

# 目录

# 俄罗斯海军

    俄罗斯海军现役的重要武器包括一系列先进且具备强大威慑力的装备。其中，战略核潜艇是俄罗斯海军的王牌之一，特别是"北风之神"级战略核潜艇及其改进型，这些核潜艇不仅拥有强大的水下航行能力，还装备了先进的潜射弹道导弹，如"布拉瓦"导弹，具备远程打击和强大的突防能力。

    俄罗斯海军还装备了多种水面舰艇，包括巡洋舰、驱逐舰和护卫舰等，这些舰艇不仅具备防空、反潜和反舰等多种作战能力，还搭载了先进的雷达和武器系统，提升了整体作战效能。

    在导弹系统方面，俄罗斯海军的高超声速导弹，如"匕首"和"锆石"更是引人注目。这些导弹具备超高速飞行和精确打击能力，能够有效突破敌方防御系统，对重要的敌方目标实施毁灭性打击。

    同时，俄罗斯海军还注重发展航母编队，虽然目前仅有一艘航母在役，但其强大的舰载机编队和综合作战能力使得俄罗斯海军在远洋作战中具有重要影响力。

    综上所述，俄罗斯海军现役的重要武器涵盖了战略核潜艇、水面舰艇、导弹系统以及航母编队等多个领域，这些装备不仅提升了俄罗斯海军的整体作战能力，也为其在国际舞台上发挥重要作用提供了有力支撑。

# 库兹涅佐夫海军元帅级航空母舰

## ■ 简要介绍

库兹涅佐夫海军元帅级航空母舰是苏联 / 俄罗斯第三代 1143.5 型航空母舰，也是俄罗斯海军目前唯一在役的航母。它集苏联科技之大成，是世界上第一艘同时拥有斜直两段飞行甲板和滑跃式飞行甲板的航母。

库兹涅佐夫海军元帅级航空母舰的研发始于 20 世纪 80 年代，是苏联为配备固定翼水平起降舰机而研制的航母。该级航母的研发集成了当时苏联科技的精华，建造过程中吸收了大约 800 个学科的专家和 7000 多家工厂提供的材料和设备。

库兹涅佐夫海军元帅级航空母舰于 1982 年开始建造，1985 年下水，1991 年正式服役于苏联海军，后编入俄罗斯海军。它部署于俄罗斯海军北方舰队，是俄罗斯海军的主力舰艇之一。然而，该航母自服役以来问题不断，经历了多次维修和改造。目前，俄罗斯计划对其进行升级，以延长其服役寿命，提升其作战能力。

| 基本参数 | |
| --- | --- |
| 舰长 | 306.5米 |
| 舰宽 | 72米 |
| 吃水深度 | 10.5米 |
| 满载排水量 | 67500吨 |
| 飞行甲板 | 305米×70米 |
| 最高航速 | 30节 |
| 续航力 | 8500海里 / 18节 |
| 舰员编制 | 2000人 |
| 动力系统 | 8台KVG-4型增压锅炉；4台TV-12-4型蒸汽轮机 |

## ■ 性能特点

库兹涅佐夫海军元帅级航空母舰自身的防御火力超过了美国尼米兹级航空母舰，除舰载机外，还拥有大量的武器装备，其中 SS-N-19 垂直发射反舰导弹可通过卫星接收目标信息，实施超视距打击，最大射程可达 550 千米。而其"天空哨兵"多功能相控阵雷达具有跟踪精度高、抗干扰能力强、可靠性高等优点，能对多批次目标进行探测、识别和跟踪。

▲ 库兹涅佐夫海军元帅级航空母舰

**相关链接 >>**

库兹涅佐夫海军元帅级航空母舰的首舰在建造中先后有过多个名称，如"苏联"号、"克里姆林宫"号、"勃列日涅夫"号和"第比利斯"号。由于政治风云变幻，该舰最后被定名为"库兹涅佐夫海军元帅"号，源自苏联航母的积极倡导者、担任过18年苏联海军总司令的尼古拉·格拉西莫维奇·库兹涅佐夫。

# 基洛夫级核动力导弹巡洋舰

## ■ 简要介绍

基洛夫级核动力导弹巡洋舰是苏联／俄罗斯海军的一款大型核动力导弹巡洋舰，被誉为"武库舰"。该舰是世界上最大的巡洋舰之一，满载排水量超过 2.5 万吨，仅次于航空母舰，并可以搭载超过 400 枚导弹。

基洛夫级核动力导弹巡洋舰的研发始于 20 世纪 70 年代，是苏联海军为应对与美国海军的军备竞赛而研制的。其设计过程历经多次修改，最终确定了庞大的舰体和强大的武器系统。首舰于 1977 年下水，1980 年正式服役。

该级巡洋舰共建造了 4 艘，目前仍在俄罗斯海军中服役的有"彼得大帝"号和"纳希莫夫海军上将"号。这些巡洋舰不仅具有强大的火力，还具备完善的防空、反潜能力，是俄罗斯海军的重要力量。然而，随着时间的推移，这些舰艇的电子设备逐渐老旧，需要进行现代化改造。其中，"纳希莫夫海军上将"号正在进行大规模维修和升级，以期重新服役并延长其使用寿命。

### 基本参数

| 基本参数 | |
|---|---|
| 舰长 | 250.1米 |
| 舰宽 | 28.5米 |
| 吃水深度 | 7.8米 |
| 排水量 | 23750吨（标准）；25860吨（满载） |
| 最高航速 | 31节 |
| 续航力 | 14000海里／30节 |
| 舰员编制 | 759人 |
| 动力系统 | 2座核反应堆；2台蒸汽轮机 |

## ■ 性能特点

基洛夫级核动力导弹巡洋舰的武器系统集中体现了苏联海军当时最现代化的技术成果：其反舰导弹在世界上率先采用垂直发射系统和圆环形排列导弹方式。上甲板是"花岗岩"远程反舰导弹系统，共有 20 枚 SS-N-19 导弹。火炮系统由火控计算机连同多波段雷达、电视和光学目标瞄准器组成。防空系统由 3 道防线组成：SA-N-6 防空导弹为第一道，SA-N-9 防空导弹为第二道，SA-N-4 防空导弹为第三道。

▲ 基洛夫级核动力导弹巡洋舰

**相关链接 >>**

基洛夫级核动力导弹巡洋舰是俄罗斯海军第一级也是最后一级核动力水面战舰，还是世界最大、唯一排水量超过两万吨及使用核动力的现役巡洋舰，仅次于航空母舰。同时舰上搭载超过 400 枚导弹，几乎涵盖现今全部海上作战武器系统，因此有"武库舰"的称号。因其强大的火力及巨大的吨位，又被西方军事家划分为战列巡洋舰。

# 光荣级导弹巡洋舰

## ■ 简要介绍

  光荣级导弹巡洋舰是苏联海军装备的一款导弹巡洋舰，也是冷战期间苏联专门用于对抗美国航母战斗群的专用"反航"舰艇。光荣级导弹巡洋舰的研发起始于20世纪70年代，当时苏联为了应对美国的航母优势，决定开发一款能够执行远洋作战任务的导弹巡洋舰，以弥补自身在大型水面舰艇技术上的不足。1979年，首舰下水，随后的几年间陆续建造了多艘同级舰，并相继服役于太平洋舰队和黑海舰队等主力舰队。

  光荣级导弹巡洋舰满载排水量达到万吨级别，拥有强大的防空和反潜能力，其装备的远程反舰导弹系统更是让其成为当时最具威胁的海上力量之一。然而，随着科技的进步和军事战略的转变，光荣级逐渐退出了历史舞台，目前仍有部分在俄罗斯海军服役，但已难以适应现代战争的需求，未来可能会逐步退出现役。

## 基本参数

| 基本参数 | |
| --- | --- |
| 舰长 | 186.4米 |
| 舰宽 | 20.8米 |
| 吃水深度 | 6.28米（标准）；8.4米（满载） |
| 排水量 | 9300吨（标准）；11280吨（满载） |
| 最高航速 | 32.5节 |
| 续航力 | 7000海里/18节；2100海里/30节；1800海里/32.5节 |
| 舰员编制 | 529人 |
| 动力系统 | COGOG全燃联合；2台M-70巡航用燃气轮机；4台M8KF加速用燃气轮机；2台废气循环巡航用锅炉 |

## ■ 性能特点

  光荣级巡洋舰以先进的全燃联合动力装置作为推进系统。同时，其武器和电子设备要比美国同类舰多得多，仅防空、反舰导弹发射装置就达18座。反舰作战装备主要有SS-N-12"沙箱"反舰导弹、T3-31或T3CT-96反潜反舰两用鱼雷等；防空作战系统主要有SA-N-6"雷声"导弹、SA-N-4"壁虎"导弹及电子对抗系统等。

**相关链接 >>**

苏联在二战后共发展了3代导弹巡洋舰：第一代为肯达级，共4艘，舰上主要装备远程对舰导弹，以反舰为主；第二代为克列斯塔级和卡拉级，共21艘，舰上装备最多的是舰空导弹和反潜武器，以防空、反潜为主；第三代为基洛夫级和光荣级，共7艘，用于为航母护航和自行组建特混编队，以防空、反舰、反潜和对陆攻击为主。

▲ 光荣级导弹巡洋舰

# 无畏级驱逐舰

## ■ 简要介绍

无畏级驱逐舰是苏联在20世纪70年代设计并建造的一款大型反潜专用驱逐舰，被苏联海军视为其反潜力量的中坚。该舰的研发旨在提升苏联海军的远洋反潜作战能力，其设计汲取了西方国家的先进理念，注重整体布局和设备的集成化。

无畏级驱逐舰从1980年开始陆续服役，首舰"无畏"号于当年入役，最后一艘"潘捷列耶夫海军上将"号则于1991年服役。该级舰共建造了12艘，其中多艘至今仍在俄罗斯海军中服役，执行着重要的海上任务。

无畏级驱逐舰以其强大的反潜能力而著称，装备有反潜导弹、鱼雷和直升机等武器系统，能够有效地搜索和打击敌方潜艇。同时，该级舰还具备一定的防空能力，能够应对空中威胁。在设计和建造过程中，无畏级驱逐舰注重提高舰体的隐身性和生存力，采用了多种先进的材料和技术。

| 基本参数 | |
|---|---|
| 舰长 | 163.5米 |
| 舰宽 | 19.3米 |
| 吃水深度 | 7.79米 |
| 排水量 | 6930吨（标准）；7570吨（满载） |
| 最高航速 | 35节 |
| 续航力 | 2400海里/32节；4500海里/18节 |
| 动力系统 | COGAG动力装置：2台高速燃气轮机；2台低速燃气轮机 |

## ■ 性能特点

无畏级驱逐舰以反潜为最主要的武装，早期舰只有2座URPK-3型四联装箱式反潜导弹发射装置，发射85R型反潜导弹。20世纪80年代新建的都换装UPK-5型反潜反舰两用导弹系统，使用85RU型导弹，战斗部为UMGT-1型400毫米鱼雷。同时为了摧毁水面舰艇，该型导弹还可以配备热寻的引导头，在火箭吊舱里装备烈性炸药，作为反舰导弹使用。

**相关链接 >>**

1983 年，苏联决定在无畏级驱逐舰基础上研制一款用于执行高危险海区任务的防空军舰无畏Ⅲ级驱逐舰，第一艘只有无畏级驱逐舰原来价格的 80%，后面的被严格控制在 70%，性价比很高，可以直接对抗美国海军的饱和攻击，甚至超饱和攻击，美国直到伯克 3 才达到无畏Ⅲ级驱逐舰的水平。可惜由于苏联解体，这艘舰虽然已经完成 85% 却被迫停止建造。

▲ 无畏级驱逐舰

# 现代级驱逐舰

## ■ 简要介绍

现代级驱逐舰是苏联在冷战期间研发建造的一款多用途导弹驱逐舰，以其强大的反舰和防空能力而著称，是苏联/俄罗斯海军的重要水面舰艇之一。

现代级驱逐舰的研发始于20世纪70年代，是苏联为了应对北约海上威胁而研制的。该舰的研发计划名为956号计划，由当时的苏联北方设计局设计，列宁格勒日丹诺夫船厂建造，计划共建造28艘，但实际上由于苏联解体后的财政困难，最终只建造了17艘（一说为18艘，其中11艘现役，6艘无作战能力，另有1艘尚未加入现役）。

首艘现代级驱逐舰于1980年服役，此后陆续有该舰艇加入苏联/俄罗斯海军。在苏联时期，现代级驱逐舰是苏联海军重型导弹舰（如1144型、1164型）的火力补充，主要执行反舰和区域防空任务。然而，由于采用了老式的蒸汽轮机作为动力，现代级驱逐舰在现代海军中显得相对落后。尽管如此，因其强大的火力和较好的生存能力仍然在俄罗斯海军中占据重要地位。

| 基本参数 | |
|---|---|
| 舰长 | 156.4米 |
| 舰宽 | 17.2米 |
| 吃水深度 | 7.8米 |
| 排水量 | 7900吨（标准）；8480吨（满载） |
| 最高航速 | 32节 |
| 续航力 | 2400海里/32节；6500海里/20节；14000公里/14节 |
| 舰员编制 | 350人 |
| 动力系统 | 2台蒸汽涡轮发动机 |

## ■ 性能特点

现代级驱逐舰上装备了2组四联装最大射程120/220千米、最大飞行速度约2.5马赫的SS-N-22"日炙"重型反舰导弹，另有2座俄制3S-90单臂发射架，弹库内备弹48枚，能发射最大射程25/40千米的SA-N-7/12中程防空导弹，此外还有AK-130型主炮、AK-630型近防炮、UGST型533毫米重型反潜鱼雷、RBU-1000型反潜火箭等，拥有"航母杀手"的美誉。

**相关链接 >>**

现代级驱逐舰上的天波雷达系统"音乐台",堪称是俄罗斯在全球范围内独创,可以实现超视距、无死角侦测,可直接引导反舰导弹实施打击,从而省略了直升机或无人机的中继制导环节,简化了导弹攻击步骤,并提高了反舰导弹攻击的命中率和隐蔽性。

▲ 现代级驱逐舰

# 戈尔什科夫海军元帅级护卫舰

## ■ 简要介绍

　　戈尔什科夫海军元帅级护卫舰是俄罗斯海军自行研制的首款主战水面舰艇，也是中型防空导弹护卫舰的首舰。该级护卫舰以苏联时期的著名海军元帅戈尔什科夫命名，旨在取代老化的克里瓦克级护卫舰。该舰具备多任务执行能力，包括反潜、反舰、护航等。

　　戈尔什科夫海军元帅级护卫舰的研发始于 21 世纪初，由俄罗斯圣彼得堡北方造船厂负责建造。该舰整合了俄罗斯最新的装备和技术，采用了隐身化设计，并配备了先进的雷达和武器系统。其动力系统采用两轴复合燃气涡轮和柴油机推进系统，以提供强大的动力和可靠性。

　　戈尔什科夫海军元帅级护卫舰于 2018 年正式服役于俄罗斯海军，多次参与军事演习和远航任务，证明了其执行多任务能力和可靠性。随着技术的不断进步，俄罗斯还计划推出该级护卫舰的改进型号，以进一步提升其综合作战能力。

| 基本参数 | |
|---|---|
| 舰长 | 135米 |
| 舰宽 | 16米 |
| 吃水深度 | 4.5米 |
| 最高航速 | 29节 |
| 续航力 | 4000海里 / 14节；4500海里/15节 |
| 舰员编制 | 210人 |
| 动力系统 | 2台M90FR燃气涡轮；2台10D49柴油机 |

## ■ 性能特点

　　戈尔什科夫海军元帅级护卫舰的标准排水量为 4500 吨左右，主桅杆安装四面固定式多功能相控阵雷达，为舰艏 28 单元"鲁道特"导弹垂直发射装置发射导弹提供制导，主桅杆顶端安装 1 具旋转式三维搜索相控阵雷达，舰艉装备 1 门 130 毫米舰炮，并将反舰导弹装填于"鲁道特"后方的另一种垂直发射装置中，可装填 16 枚"红宝石"或"布拉莫斯"反舰导弹。

417

相关链接 >>

戈尔什科夫海军元帅级护卫舰可用于在远海和大洋水域实施反舰和反潜作战行动，还可独立或作为护航舰在编队内拦截空中来袭目标。该舰是自1991年以来，俄罗斯海军采购的第一种具有远洋作战能力的新一代水面舰，堪称俄罗斯海军自成立以来的最高造舰成就之一。

▲ 戈尔什科夫海军元帅级护卫舰

# 格里戈洛维奇海军上将级护卫舰

## ■ 简要介绍

格里戈洛维奇海军上将级护卫舰是俄罗斯海军正在服役的一款多任务护卫舰,能够执行反水面作战、反潜作战和防空作战任务。该舰拥有强大的武器系统,包括舰炮、防空导弹、反舰导弹和反潜火箭发射器等,能够应对多种海上威胁。

该舰的研发基于俄罗斯在塔尔瓦级护卫舰上的成功经验,进行了多项技术升级和改进。其设计注重提高舰艇的隐身性、生存能力和作战效能,采用了先进的雷达、电子战系统和武器系统。该舰的建造由俄罗斯北方设计局负责设计,并由多家造船厂共同建造。

格里戈洛维奇海军上将级护卫舰的首舰于2014年服役,并陆续有多艘同型舰加入俄罗斯海军。这些护卫舰在俄罗斯海军中扮演着重要角色,担负着各种海上任务,包括巡逻、护航、反潜和反舰等。随着技术的不断进步和作战需求的变化,俄罗斯还计划对该级护卫舰进行进一步的升级和改进,以提升其综合作战能力。

| 基本参数 | |
|---|---|
| 舰长 | 124.5米 |
| 舰宽 | 15.2米 |
| 吃水深度 | 4.2米 |
| 排水量 | 3620吨(标准);4000吨(满载) |
| 最高航速 | 32节 |
| 续航力 | 4000海里 / 18节 |
| 动力系统 | COGAG动力装置:2台DS-71燃气轮机;2台DT-59燃气轮机 |

## ■ 性能特点

格里戈洛维奇海军上将级护卫舰的基本设计、动力系统、电子装备与武器等大致与塔尔瓦级护卫舰相同。采用的9M317ME导弹的弹翼比原来的9M317小,尾部控制面可以折叠,以节省空间;同时,弹尾设置与尾舵连动的燃气舵,具备矢量推力控制能力,导弹垂直升空后得以大角度转向目标,拦截高度范围为海平面5米至15千米,有效射程3.5千米至50千米。

▲ 格里戈洛维奇海军上将级护卫舰

**相关链接 >>**

1998 年 7 月 21 日，印度与俄罗斯波罗的海造船厂签订了关于俄为其建造 3 艘改进型克里瓦克Ⅲ级即 11356 型护卫舰的合同，并将新建的护卫舰称为塔尔瓦级护卫舰。2010 年 12 月 18 日，当"格里戈洛维奇海军上将"号在扬塔尔造船厂安放龙骨时，印度购买的第二批塔尔瓦级也正在扬塔尔造船厂建造中。

# 轰鸣级轻型护卫舰

## ■ 简要介绍

　　轰鸣级轻型护卫舰是俄罗斯海军在 21 世纪初建造的一款多用途轻型导弹护卫舰。该舰由 20381 型机敏级护卫舰改进而来，强化了反舰能力，是 20381 型护卫舰的防空和反舰能力增强型。

　　轰鸣级轻型护卫舰的研发始于对早期型号护卫舰的改进与升级。在设计过程中，充分考虑了现代海战的需求，注重提升舰艇的火力、防御能力和隐身性能。动力系统方面，该舰采用了先进的柴油机作为动力源，确保了舰艇的高速航行和长续航能力。武器系统方面，轰鸣级护卫舰配备了多种导弹和舰炮，能够执行反舰、防空、反潜等多种任务。

　　首艘轰鸣级护卫舰"轰鸣"号于 2017 年下水，并在之后正式服役于俄罗斯太平洋舰队。随着后续舰艇的陆续建造和服役，轰鸣级护卫舰将成为俄罗斯海军近海防御和远洋巡逻的重要力量。截至目前，已有多艘轰鸣级轻型护卫舰服役，并在多次军事演习和海上任务中展示出强大的作战能力。

| 基本参数 | |
|---|---|
| 舰长 | 106米 |
| 舰宽 | 13米 |
| 吃水深度 | 5米 |
| 排水量 | 2000吨（标准）；2500吨（满载） |
| 最高航速 | 27节 |
| 续航力 | 4000海里 / 14节 |
| 动力系统 | 4台DDA12000柴油机 |

## ■ 性能特点

　　轰鸣级轻型护卫舰装备有 A-190M 100 毫米舰炮和 AK-630 近防炮，还可以发射巡航导弹；防空导弹则有 9M96D/E1/E2 中程防空导弹及 9M100 短程防空导弹；此外还有 2 座四联装 400 毫米鱼雷发射器，搭载 2 艘舰载小艇和 1 架反潜直升机。

▲ 轰鸣级轻型护卫舰

相关链接 >>

轰鸣级轻型护卫舰首舰从开工到下水花了 5 年时间，对于俄罗斯来说已经是比较顺利的造舰项目。虽然其排水量仅千吨级，但是武器种类丰富，是十足的重火力舰。另外，它一改以往俄罗斯军舰粗犷强横的外形特点，采用了隐身设计，上层建筑没有了过去堆砌的各种导弹和雷达设备，大多数隐藏在舰艇内部，这些都显著减小了舰艇雷达反射面积。

# 守护级轻型护卫舰

## ■ 简要介绍

守护级轻型护卫舰是俄罗斯海军的新一代多用途隐身护卫舰。该护卫舰由圣彼得堡的"金刚石"中央海事设计局设计，分为基本型20380型、改进型20385型和20386型，以及出口型20382型（外销名称为"虎"级）。

守护级护卫舰的研发始于21世纪初，旨在提升俄罗斯海军的近海防御能力。该舰采用了先进的隐身设计，配备了强大的武器系统和先进的电子设备。其动力系统由4台16D49柴油机组成，为舰艇提供了稳定而强大的动力；在武器系统方面，装备了A-190M 100毫米舰炮、防空导弹、反舰导弹和反潜鱼雷等，能够执行多种作战任务。

首艘守护级轻型护卫舰于2007年服役，陆续有多艘同型舰加入俄罗斯海军，并在多次军事演习和海上任务中展示了优秀的性能和作战能力。

| 基本参数 | |
|---|---|
| 舰长 | 104.6米 |
| 舰宽 | 13米 |
| 吃水深度 | 3.7米 |
| 排水量 | 1800吨（标准）；2100吨（满载） |
| 最高航速 | 27节 |
| 续航力 | 4000海里／14节 |
| 动力系统 | 4台16D49柴油机 |

## ■ 性能特点

守护级轻型护卫舰拥有与21世纪初期数种西方先进舰艇相似的雷达隐身外形，可有效减小雷达反射截面积，并在降低红外线信号方面也有新设计。该舰配备30～100毫米口径的火炮以及配套的雷达、光电火控系统，能根据任务需求而快速换装舰上的武器与装备。其作战系统为AGAT提供的Signa-E系统，还配备TK-25-2电子截收、干扰系统和PK-10诱饵发射系统。

守护级轻型护卫舰

**相关链接 >>**

据俄罗斯造舰业者评估，吨位在500～2000吨的中小型舰艇是21世纪初期舰艇市场上需求量最大的种类，因此各厂家也纷纷推出不同设计。20380型守护级轻型护卫舰的出口版本被称为20382型"虎"式护卫舰，在2005年的圣彼得堡国际海军展中首度展出。20382型的规格与20380型相当，每艘出口价格为1.2亿美元至1.5亿美元。

# 猎豹级护卫舰

## ■ 简要介绍

猎豹级护卫舰是俄罗斯海军一款排水量适中、火力强大且具备多任务执行能力的轻型护卫舰。它结合了现代化的武器系统、电子设备和隐身设计，能够在多种海况下执行巡逻、监视、反舰、防空和反潜等任务。

猎豹级护卫舰的研发始于 20 世纪 80 年代，当时苏联开始规划一种 1500~2000 吨级的轻型护卫舰，以应对新时代面临的海上威胁。首舰"鞑靼斯坦"号于 1990 年开工建造，但因苏联解体而一度停工，直至俄罗斯经济复苏后才得以复工，由泽列诺多尔斯克造船厂负责建造。

猎豹级护卫舰的首舰"鞑靼斯坦"号于 2003 年 8 月加入俄罗斯海军里海舰队服役，并作为舰队旗舰。随后，二号舰"达吉斯坦"号也于 2012 年 11 月开始服役。目前，猎豹级护卫舰主要装备于俄罗斯海军，并在里海地区执行巡逻和防御任务。此外，越南海军也是该级护卫舰的海外用户，订购并已接收多艘猎豹级护卫舰。

| 基本参数 | |
|---|---|
| 舰长 | 102.4米 |
| 舰宽 | 13.76米 |
| 吃水深度 | 3.7 米 |
| 排水量 | 1500吨（标准）；1930吨（满载） |
| 最高航速 | 28节 |
| 续航力 | 4000海里 / 10节 |
| 动力系统 | 2台M88燃气涡轮发动机；2台D61柴油机 |

## ■ 性能特点

猎豹级护卫舰舰艇配备 1 门 AK-176 舰炮，由 MR-123 Vympel 舰炮火控雷达负责导引；舰桥前方炮位以及尾顶各装置 1 门俄罗斯 AK-630 型近迫防炮，另外还有 1 套 4K33 Osa-MA2 防空导弹系统，使用 9M33 短程防空导弹，半主动雷达制导；舰体中部两侧各装 1 座 KT-184 四联装反舰导弹发射器，装填 3M24DU 反舰导弹。此外，还有 RBU-6000 反潜火箭深弹发射器和鱼雷发射器。

**相关链接 >>**

猎豹级护卫舰的主要功能包括水面巡逻、监视、长程与短程水面作战，以及有限度的防空与反潜。在地处封闭的里海，猎豹级护卫舰的火力算是绰绰有余，其射程350千米的3M24反舰导弹可轻松涵盖整个里海的宽度。还设有1具MR-323 Zarnitsa中频主被动舰体声呐，舰尾设置1个可变深度声呐。

▲ 猎豹级护卫舰

# 克里瓦克级护卫舰

## ■ 简要介绍

克里瓦克级护卫舰是苏联在 20 世纪 50 年代末期开始研制的一款现代化导弹护卫舰，也被称为 1135 型护卫舰，绰号"风暴海燕"。该级护卫舰的研发旨在提升苏联海军的反潜、护航及独立作战能力，标志着苏联海军护卫舰向大型化、远洋化和现代化迈出重要一步。

克里瓦克级护卫舰于 20 世纪 60 年代被正式命名为反潜舰。该舰由加里宁格勒的扬塔尔的海造船厂、乌克兰刻赤的卡布隆造船厂和列宁格勒的日丹诺夫造船厂共同建造。原计划建造 42 艘，最终实际建成服役 40 艘，包括不同型号的改进型。

克里瓦克级护卫舰自 1970 年开始服役，并在苏联及俄罗斯海军中扮演了重要角色。尽管随着时间的推移和技术的进步，部分克里瓦克级护卫舰已经退役或进行现代化改装，但仍有部分舰艇在俄罗斯海军中服役，执行巡逻、护航和反潜等任务。

| 基本参数 | |
|---|---|
| 舰长 | 123.5米 |
| 舰宽 | 14.2米 |
| 吃水深度 | 7米 |
| 排水量 | 3300吨（标准）；3575吨（满载） |
| 最高航速 | 32节 |
| 续航力 | 4000海里 / 14节 |
| 动力系统 | 2台M-8K燃气涡轮发动机；2台M-62型巡航燃气涡轮发动机 |

## ■ 性能特点

克里瓦克级护卫舰 I 型舰首有 1 座并排结构四联装 RPK-3 "暴风雪"反潜导弹系统的 KT-106 发射装置；还有 1 套埋于舰体甲板内的 4K33 "黄蜂"-M 型双联装升降式近程舰空导弹发射装置，可发射 9M33M 型导弹。II 型主炮为 AK-100 型单管 100 毫米全自动高平两用舰炮。III 型则换装了 1 门 AK-100 型舰炮。同时各型的雷达系统也相应进行了改进升级。

克里瓦克级护卫舰

**相关链接 >>**

　　1975 年 11 月 8 日晚，一艘隶属于苏联海军红旗波罗的海舰队的克里瓦克级"警戒"号被以副舰长维克多少校为首的叛逃人员控制，他们诱捕了舰长波图利内中校，妄图劫持军舰前往瑞典。但苏联海军护卫舰、驱逐舰、舰队航空兵以及空军的前线轰炸航空兵立即紧急出动，展开立体搜索、拦截和追猎，最终重新夺回了"警戒"号。

# 威斯利·比可夫级巡逻舰

## ■ 简要介绍

威斯利·比可夫级巡逻舰的研发是俄罗斯海军为了提升近海巡逻和作战能力而进行的，是对现有巡逻舰技术的整合与创新，旨在打造一款具备高机动性、强火力配置和良好隐身性能的巡逻舰。研发过程中，俄罗斯海军可能借鉴了国内外先进的舰艇设计理念和技术，对舰体结构、动力系统、武器系统以及电子设备进行了全面优化和升级。

目前，威斯利·比可夫级巡逻舰已有数艘在俄罗斯海军中服役，成为其近海防御和巡逻的重要力量。这些巡逻舰凭借其出色的性能和可靠的作战能力，在多次海上任务中发挥了重要作用。同时，俄罗斯海军可能还在持续对该级舰进行改进和升级，以适应未来海上作战的需求。

| 基本参数 | |
|---|---|
| 舰长 | 94米 |
| 舰宽 | 14米 |
| 吃水深度 | 3.4米 |
| 排水量 | 1300吨（标准）；1700吨（满载） |
| 航速 | 25~30节 |
| 续航力 | 6000海里 |
| 动力系统 | 2台燃气涡轮发动机；2台柴油机 |

## ■ 性能特点

威斯利·比可夫级巡逻舰火力非常强悍，装备有1门AK-176全自动主炮，具备对海、对地打击和防空反导能力；2门AK-630型近防炮，能拦截航空飞行器和反舰导弹。舰上设置有1座新型通用舰载垂直发射装置，能发射"锆石"高超声速反舰导弹；此外也可发射"口径"-NK对陆攻击巡航导弹，从而具备了"由海向陆"的战略打击能力。

▲ 威斯利·比可夫级巡逻舰

**相关链接 >>**

威斯利·比可夫级巡逻舰采用了多种技术来降低其雷达反射截面积和红外线信号。例如，舰体大量应用复合材料和RAM材料以吸收雷达波；舰上的侦测、武器装备以及小艇等尽可能藏于舰体内，其他琐碎装备则可折收或可拆卸；该舰还舍弃了传统烟囱，通过海水冷却主机废气，再由舰尾底下的隐藏式排气口排出，以降低红外线信号。

# 暴徒级小型导弹舰

## 简要介绍

暴徒级小型导弹舰是俄罗斯海军装备的一款近海部署的小型军舰，其排水量在千吨级以下。该级别的舰艇由"金刚石"中央海事设计局研发，项目代号21630。在2010年时又进行了改进，推出了改进型号21631，被称为"暴徒-M"级。

暴徒级小型导弹舰的研发始于对柏杨级小型炮舰的改进升级。在柏杨级项目的基础上，俄罗斯海军提出了更高的作战要求，并交由多家知名造船企业和设计局进行方案竞标。经过多轮筛选和评估，最终选定了杰列诺托尔斯克设计局的设计方案，并启动了暴徒级小型导弹舰的建造工作。

暴徒级小型导弹舰自研发成功以来，已有多艘舰艇陆续加入俄罗斯海军服役。这些舰艇主要部署在里海区舰队和伏尔加河三角洲等内河和近海区域，执行巡逻、护航、反潜和防空等多种任务。它凭借优异的性能和可靠的作战能力，在多次海上任务中发挥了重要作用，成为俄罗斯海军内河和近海防御的重要力量之一。

| 基本参数（"暴徒-M"级） ||
| --- | --- |
| 舰长 | 72米 |
| 舰宽 | 11米 |
| 吃水深度 | 2.5米 |
| 满载排水量 | 949吨 |
| 最高航速 | 28节 |
| 续航力 | 2300海里/12节 |
| 动力系统 | 4台柴油机 |

## 性能特点

暴徒级导弹舰上层建筑及武器系统的外形简洁流畅，可以降低雷达反射信号。舰首安装1门A-190型100毫米高平两用火炮；甲板两舷各1门AK-306型近防炮；舰尾甲板上安装1座UMS-73"冰雹"多管火箭炮。21631型装备的武器除舰炮和机枪外，还有2门多管AK-630型自动加农炮以及3K14反舰导弹。

▲ 暴徒级小型导弹舰

## 相关链接 >>

　　暴徒级导弹舰非常适于在里海地区包括沿岸海域的作战行动，其防空作战能力较强，既可打击海上舰船，也可攻击海岸目标。它们与11661型护卫舰形成"高—低"搭配使用，组成俄罗斯海军在里海地区无可匹敌的"黄金搭档"，用于捍卫俄罗斯200海里专属经济区及丰富的自然资源，威慑周边国家并阻止西方大国势力向里海地区渗透。

# 台风级战略核潜艇

## ■ 简要介绍

台风级战略核潜艇是苏联于20世纪70年代开始研制的一款巨型核动力弹道导弹潜艇，也是苏联/俄罗斯海军最大的弹道导弹核潜艇。

台风级战略核潜艇的研发始于苏联对美国俄亥俄级战略核潜艇的回应。为了保持对美国在战略核潜艇领域的竞争优势，苏联启动了941工程，由著名的红宝石设计局负责设计。该潜艇的设计是在极短的时间内完成的，并很快成功投入生产。其显著的设计特点是大排水量和独特的艇体结构，以确保能够携带足够数量的潜射弹道导弹。

台风级战略核潜艇共建造了6艘，首艇于1981年正式服役，最后1艘于1989年服役。这些潜艇在苏联解体后继续在俄罗斯海军服役，但由于经济原因和维护成本高昂，俄罗斯海军逐渐减少了其服役数量。目前，仅有少数台风级核潜艇仍在服役或作为导弹试验平台使用。尽管如此，台风级战略核潜艇仍然是世界潜艇发展史上的重要里程碑，其庞大的体形和强大的火力至今令人印象深刻。

### 基本参数

| 艇长 | 172.8米 |
|---|---|
| 艇宽 | 23.3米 |
| 吃水深度 | 11.5米 |
| 水下排水量 | 26500吨 |
| 水下航速 | 25节 |
| 潜深 | 400米 |
| 自持力 | 90天 |
| 艇员编制 | 160人 |
| 动力系统 | 2座压水堆；2台汽轮机 |

## ■ 性能特点

台风级战略核潜艇最独特的地方在于它非典型的双壳体结构，在非耐压壳体内有好几个耐压壳体。导弹发射筒就布置在这2个主耐压壳体之间，可以同时齐射2枚P-39导弹，这在世界其他任何级别的弹道导弹潜艇中都无法做到。它配备了专门设计的"鲍托尔-941"型综合导航系统和新型天文校正仪，后者能在敌方空间核爆炸几秒钟后就恢复工作性能。

▲ 台风级战略核潜艇巨大的发射口

**相关链接 >>**

2010 年春，俄、美签署了第三阶段削减战略进攻性武器条约。按条约规定，俄罗斯台风级战略核潜艇每艘最多可携载 200 枚核弹头，如果 3 艘全部满载，几乎将占新条约限制标准的一半。而据称 1 艘台风级战略核潜艇的现代化升级费用相当于 2 艘北风之神级战略核潜艇的建造费用，因此俄海军将不会对台风级战略核潜艇进行改装。

# 北风之神级战略核潜艇

## ■ 简要介绍

北风之神级战略核潜艇是俄罗斯最新一代弹道导弹核潜艇，由俄罗斯红宝石设计局设计，属于俄罗斯第四代弹道导弹潜艇。该潜艇以其强大的火力、先进的隐身性能和优异的作战能力，成为俄罗斯海军海上核威慑力量的重要组成部分。

北风之神级战略核潜艇于冷战末期开始研发，工程代号为955。然而，由于苏联解体，该项目的研发进程受到了一定影响。首艇"尤里·多尔戈鲁基"号直到1996年才开工建造，并于2013年正式进入俄罗斯海军服役。为了节省资金，前3艘北风之神级战略核潜艇还采用了一部分971型阿库拉级攻击型核潜艇的现成舱段，从而继承了阿库拉级的双壳体结构。

北风之神级战略核潜艇的服役标志着俄罗斯海军在战略核潜艇领域取得了新的突破。该级潜艇装备了16枚"布拉瓦"潜射洲际弹道导弹，具备强大的打击能力。同时，其先进的隐身性能和低噪声水平也使其在敌方的探测和跟踪下更加难以被发现。

| 基本参数 | |
|---|---|
| 艇长 | 170米 |
| 艇宽 | 13.5米 |
| 吃水深度 | 10米 |
| 水下排水量 | 24000吨 |
| 水下航速 | 29节 |
| 潜深 | 450米 |
| 自持力 | 大于90天 |
| 艇员编制 | 107人 |
| 动力系统 | 1座OK-650B型核动力推进系统；1台汽轮机；1台自主涡轮发电机；1台备用柴油发电机；2台辅助水中悬停、码头停驻电动机 |

## ■ 性能特点

北风之神级战略核潜艇的主动力装置为1座OK-650B型核动力反应堆和2台汽轮机，使得该级艇的机动性能超过美国俄亥俄级战略核潜艇。主武器为"布拉瓦"导弹，射程8000千米以上，命中精度为60米。同时潜艇专门增加了新型呼吸混合气净化组、先进的灭火系统及上浮救生舱，大大提高了安全可靠性。

相关链接 >>

北风之神级战略核潜艇某些技术指标已赶上并略领先于美国俄亥俄级战略核潜艇，它庞大的艇体设计为其破除北冰洋厚厚的冰层提供了足够的浮力，并在减震、降噪等方面取得了新突破。所配备的"布拉瓦"导弹几乎可从任何方向对敌方发起攻击。

▲ 北风之神级战略核潜艇

# 亚森级攻击核潜艇

## ■ 简要介绍

亚森级攻击核潜艇是苏联/俄罗斯为适应新的作战需求而研制的新一代多用途攻击型核潜艇。它集成了苏联/俄罗斯核潜艇技术的精华，具备出色的下潜深度、静音性能、自动化程度和对岸攻击能力，被誉为"世界最先进攻击核潜艇"之一。

亚森级核潜艇的研发始于 1977 年，其设计目标在于反超美国海狼级核潜艇，并实现水下力量的优势。然而，由于经济原因，该项目的研制过程曾一度陷入停滞，直到进入 21 世纪后才得以重新启动。在研发过程中，俄罗斯应用了众多新的科研成果和技术手段，对潜艇的设计、建造和性能进行了全面优化和升级。

首艘亚森级核潜艇"北德文斯克"号于 2010 年下水，2013 年正式服役。随后，俄罗斯又陆续建造了多艘该级潜艇，包括改进型的亚森–M 级。目前，亚森级核潜艇已成为俄罗斯海军的重要作战力量，担负着反潜、反舰、对陆攻击等多种任务。

| 基本参数 | |
|---|---|
| 艇长 | 111米 |
| 艇宽 | 13米 |
| 吃水深度 | 9.4米 |
| 水下排水量 | 13800吨 |
| 水下航速 | 31节 |
| 潜深 | 600米 |
| 自持力 | 100天 |
| 艇员编制 | 65人 |
| 动力系统 | 1座VM／KTP-6型压水堆；1台主汽轮减速齿轮机组；2台涡轮发电机 |

## ■ 性能特点

亚森级攻击核潜艇装备的 KTP–6 型压水堆大大降低了动力装置发出的噪声，还采用了全新的有源消声技术，隐身、深潜性能超强。同时加装了更先进的指挥控制系统，并改进了电子装备元器件、现代化的生命支持系统和武器系统等设备，搭载了 60 枚 65 型、53 型鱼雷以及 24 枚潜射巡航导弹、反舰导弹、反潜导弹等，具有很强的打击能力和极高的自动化程度。

## 相关链接 >>

截至 2017 年 8 月，亚森级攻击核潜艇的第三艘"新西伯利亚"号、第四艘"克拉斯诺亚尔斯克"号、第五艘"阿尔汉格尔斯克"号、第六艘"彼尔姆"号、第七艘"乌里扬诺夫斯克"号已经全部在俄罗斯国有北方机械制造生产联合体建造，将逐步替换苏联时期即将报废或退役的老旧核潜艇。

▲ 亚森级攻击核潜艇

# 奥斯卡级巡航导弹核潜艇

## ■ 简要介绍

奥斯卡级巡航导弹核潜艇是苏联研制并建造的一款核动力巡航导弹潜艇，以其强大的反舰能力和庞大的尺寸而闻名。该级潜艇装备有大量远程反舰导弹，能够对敌方航母等大型水面舰艇实施毁灭性打击，是俄罗斯海军反航空母舰的核心力量。

奥斯卡级巡航导弹核潜艇的研发始于20世纪60年代末，由苏联红宝石设计局负责设计。首艇于1978年开工建造，1980年下水，1982年服役。该级潜艇是在前几级巡航导弹核潜艇基础上改进而来的，其设计充分考虑了在北极冰下航行的需求，并采用了双核动力装置等先进技术，以确保其具备强大的作战能力和生存能力。

自1982年首艇服役以来，奥斯卡级巡航导弹核潜艇一直是俄罗斯海军的重要作战力量。至今，该潜艇已建造多艘，其中部分仍在服役中，并接受了现代化改造以提升其作战能力。

| 基本参数 | |
|---|---|
| 艇长 | 154米 |
| 艇宽 | 18.2米 |
| 吃水深度 | 9.2米 |
| 水下排水量 | 18000吨 |
| 水下航速 | 28节 |
| 潜深 | 500米 |
| 自持力 | 约120天 |
| 艇员编制 | 107人 |
| 动力系统 | 2座VM-5型压水堆；2台蒸汽轮机；2台汽轮发电机 |

## ■ 性能特点

奥斯卡级巡航导弹核潜艇采用特殊的双层壳体结构，至少需要3枚MK-46鱼雷才能击穿，同时，这种结构也有利于潜艇在北极冰下活动。根据作战需要，该潜艇装备了较多武器以提高攻防能力。其对近距离目标主要以53型/65型鱼雷实施攻击，对远距离目标主要以3K-45"花岗岩"反舰导弹实施攻击；反潜武器为RPK-2"暴风雪""海星"反潜导弹。

▲ 奥斯卡级巡航导弹核潜艇

**相关链接 >>**

奥斯卡级巡航导弹核潜艇全部使用苏联 / 俄罗斯的城市来命名，最新一艘 K-530 "别尔哥罗德"号于 1992 年开始建造，1994 年停工，2000 年"库尔斯克"号潜艇失事后又得以恢复。2009 年 6 月 26 日，俄罗斯海军总司令再次宣布冻结"别尔哥罗德"号潜艇的建造项目。

但 2012 年 2 月，俄罗斯海军总司令又称北方机械造船厂将继续建造"别尔哥罗德"号。

# 阿库拉级攻击核潜艇

## ■ 简要介绍

阿库拉级攻击核潜艇是苏联研制生产和使用的第三代攻击型核潜艇，也是目前俄罗斯海军的主力攻击型核潜艇之一。该潜艇以航速高、机动性好、可反潜反舰、对陆攻击、低噪声和大潜深等特点著称，是俄罗斯海军攻击核潜艇部队的重要组成部分。

阿库拉级攻击核潜艇是苏联为了应对美国海军日益增强的水下作战能力而研制的。该潜艇由苏联孔雀石设计局负责设计，以671型攻击核潜艇为基础进行改进和创新。设计过程中，苏联海军提出了一系列严格要求，包括大下潜深度、高水下航速、良好的隐蔽性以及反舰、反潜和攻击敌方岸上目标的能力。经过长时间的研发和测试，阿库拉级攻击核潜艇于1983年开始建造，并于1984年正式服役。

| 基本参数 | |
|---|---|
| 艇长 | 110.3米 |
| 艇宽 | 13.5米 |
| 吃水深度 | 9.7米 |
| 水下排水量 | 9100吨 |
| 水下航速 | 33节 |
| 潜深 | 450米 |
| 自持力 | 90天 |
| 艇员编制 | 72人 |
| 动力系统 | 1座VM-5型压水堆；1台蒸汽轮机 |

## ■ 性能特点

阿库拉级攻击核潜艇采用了改进型压水堆以及苏联长期积累下来的先进静音技术，因此水下噪声更低，有较强的隐身性能；而且航速较高，水下机动性好。其艇体耐压结构和材料可以使其深潜至450米，更极大增强了隐蔽能力。同时由于它有较大的排水量，舱室容积扩大，可以携带数量更多、用途更广、威力更大的武器以及电子设备。

▲ 阿库拉级攻击核潜艇

**相关链接 >>**

　　苏联的核潜艇种类多、级别多、数量多、名字更多。而阿库拉级攻击核潜艇的译名也有很多,最常见的有阿库拉Ⅰ级、Ⅱ级或 AK Ⅰ级、Ⅱ级。实际上按照苏联 /俄罗斯海军公布的名称,971 型潜艇应称为"狗鱼 / 梭鱼"级;而其改进型称为"狗鱼 / 梭鱼 –B"级。

# 梭鱼级攻击核潜艇

## ■ 简要介绍

梭鱼级攻击核潜艇是苏联／俄罗斯海军隶下的一款多用途核动力攻击型潜艇，是945型的改进型。该级潜艇继承了945型的高潜深、高航速等优异性能，并在武器系统和作战能力上进行了增强。

梭鱼级攻击核潜艇的研发始于对945型核潜艇的改进需求，旨在提升作战效能和生存能力。苏联／俄罗斯的设计团队在保留945型核潜艇基本设计的基础上，对武器系统、电子设备、声呐系统等进行了全面升级。经过长时间的研发和测试，梭鱼级攻击核潜艇成功问世，成为苏联／俄罗斯海军的重要力量之一。

梭鱼级攻击核潜艇在苏联／俄罗斯海军中服役，担负着多种任务，包括反潜、反舰、对地攻击等。其强大的作战能力和先进的技术水平，使得该级潜艇在俄罗斯海军中占据重要地位。目前，虽然部分945型潜艇已经退役或进行现代化改造，但梭鱼级攻击核潜艇仍保持着良好的服役状态，为俄罗斯海军的水下作战提供了有力支持。

| 基本参数 | |
| --- | --- |
| 艇长 | 110.5米 |
| 艇宽 | 10.2米 |
| 水下排水量 | 9100吨 |
| 航速 | 35节 |
| 潜深 | 800米 |
| 自持力 | 100天 |
| 艇员编制 | 65~85人 |
| 动力系统 | 1座压水堆；1台蒸汽轮机 |

## ■ 性能特点

梭鱼级攻击核潜艇的艇体全都采用了双壳体结构、大储备浮力、小分舱的设计方案，能够明显增强水下抗碰撞、抗爆炸和抗冲击能力，可以轻松穿透数米厚的冰层。尤其采用了钛合金制造艇体，其极限下潜深度可达800米，而且将会使绝大部分反潜武器失去作用。它的主要武器是鱼雷、火箭助推反潜和反舰导弹、水雷等。

▲ 梭鱼级攻击核潜艇

**相关链接 >>**

俄罗斯有着庞大的核潜艇部队，其中许多核潜艇都以卓越的战术性能而声名显赫。在众多型号中，梭鱼级攻击核潜艇可以说是最"神秘的"，也是综合性能最好的一款核潜艇。然而综合种种因素，该潜艇因太过"贵族化"而使建造计划被终止，俄罗斯则将批量建造的重点放在了使用高强度钢材的同为第三代核潜艇的 971 型上。

# 梅花鲈级攻击核潜艇

## ■ 简要介绍

梅花鲈级攻击核潜艇又称维克托级攻击核潜艇，是苏联／俄罗斯海军第二代攻击核潜艇。其主要任务是监视敌方弹道导弹核潜艇，并在必要时摧毁它，同时也能打击敌方的水面舰艇和攻击核潜艇。

梅花鲈级攻击核潜艇的研发始于苏联时期，由苏联 SKB-143 特种装备设计局（现俄罗斯孔雀石设计局）负责。该潜艇从 1967 年开始服役，直到 1992 年，共有三个型号阶段建成，共建造了 48 艘。

梅花鲈级攻击核潜艇在苏联／俄罗斯海军中服役了数十年，是苏联／俄罗斯海军的重要力量之一。该级潜艇在服役期间执行了多种任务，包括反潜、反舰、护航等。虽然随着新技术的发展和新型潜艇的服役，部分梅花鲈级攻击核潜艇已经退役，但少数仍在服役。

| 基本参数 | |
|---|---|
| 艇长 | 93米 |
| 艇宽 | 10.6米 |
| 吃水深度 | 7.2米 |
| 水下排水量 | 4700吨 |
| 水下航速 | 32节 |
| 潜深 | 320米 |
| 自持力 | 50~60天 |
| 艇员编制 | 68~76人 |
| 动力系统 | 2座压水堆；2台蒸汽轮机；2台柴油机 |

## ■ 性能特点

梅花鲈级攻击核潜艇为执行打击水面舰艇和反潜的任务，必须具备相应的打击能力和探测目标的能力，装备了苏联各个时期最先进的鱼雷和导弹，装载量为 24 枚；不装鱼雷时还可携带自航式沉底水雷、反潜水雷、反潜火箭锚雷、火箭上浮水雷等 36 枚水雷。

▲ 梅花鲈级攻击核潜艇

## 相关链接 >>

  1978 年，梅花鲈级核潜艇在苏联海军服役期间异常活跃，担负了大量战斗任务，一度成为苏联海军水下舰队的中坚力量。1979 年，苏联有两艘梅花鲈级攻击核潜艇原型艇在波斯湾执行过任务，当时在该地区的美海军舰艇多达 50 艘。

# 拉达级常规动力攻击潜艇

## ■ 简要介绍

拉达级常规动力攻击潜艇是俄罗斯自行研制的新一代常规动力潜艇，旨在取代冷战时期及近些年大量建造的 877/636 型基洛级潜艇。该级潜艇采用了单壳体设计，具有水下排水量小、内部空间大、机动能力强、航速快等特点，更适合在近海水域作战。

该级潜艇的研发始于苏联时期，由苏联红宝石设计局研发，随着苏联解体，俄罗斯接续了该级潜艇的生产与改进。该级潜艇是俄罗斯独立研制生产的第四代大型常规动力柴电潜艇，旨在解决基洛级潜艇存在的水下潜航时间较短、自动化水平较低、声呐性能不足等问题。

拉达级常规动力攻击潜艇的首艇"圣彼得堡"号于 2024 年 1 月 31 日正式列装俄海军北方舰队，标志着该级潜艇正式服役。尽管拉达级潜艇在技术和性能上有所突破，但其首艇却因现代化升级改造费用昂贵而提前退役。不过，拉达级常规动力攻击潜艇的批量服役仍将增强俄罗斯海军的水下作战能力。

| 基本参数 | |
|---|---|
| 艇长 | 72米 |
| 艇宽 | 7.1米 |
| 吃水深度 | 4.4米 |
| 排水量 | 水上：1675吨；潜航：2300吨 |
| 航速 | 水上：10 节；潜行：21节 |
| 潜深 | 300米 |
| 自持力 | 45天 |
| 艇员编制 | 35人 |
| 动力系统 | 柴电动力；单轴推进 |

## ■ 性能特点

拉达级常规动力攻击潜艇与此前的柴电潜艇相比，大量使用新材料，许多设备、装置、机制都是全新的。它使用的完善的导航系统和独一无二的设备，能够充分保障潜艇航行的安全性，使艇员能够以最高精度迅速瞄准目标并开火。它使用新型声呐涂层，能够提高隐身性能；而为其特别研制的动力电能发动机，即使是在全功率运转时也几乎没有声音。

▲ 拉达级常规动力攻击潜艇

相关链接 >>

拉达级常规动力攻击潜艇在某次模拟执行反潜任务时，凭借其出色的声呐探测系统和卓越的续航能力，成功探测到并追踪了一艘敌方潜艇。在敌潜艇试图逃脱时，该潜艇迅速做出反应，以极快的速度接近目标，并成功进行模拟攻击，展示了其高效的反潜作战能力。

# 基洛级常规动力攻击潜艇

## ■ 简要介绍

基洛级常规动力攻击潜艇是苏联／俄罗斯研制的一款常规潜艇，其正式名称为877型，绰号"比目鱼"。该级潜艇以火力强、噪声小而闻名，是俄罗斯出口量最大的潜艇之一。

基洛级常规动力攻击潜艇的研发始于1974年，由苏联鲁宾海洋工程中央设计局负责。该潜艇主要用于在近海浅水区域进行反舰与反潜作战，是苏联海军时代研制的最成功的常规潜艇之一。

基洛级潜艇自1982年开始服役，至今仍是俄罗斯海军的主力柴电潜艇之一。优秀的性能和广泛的出口使其在国际上享有很高的声誉。该型潜艇不仅装备于俄罗斯海军，还出口到了多个国家，成为这些国家海军力量的重要组成部分，以出色的静音性能和强大的武器系统，在水下作战中发挥着重要作用。

| 基本参数 | |
|---|---|
| 艇长 | 73.8米 |
| 艇宽 | 9.9米 |
| 吃水深度 | 6.6米 |
| 排水量 | 水上：2350吨；潜航：3000吨 |
| 航速 | 水上：10节；潜航：17节 |
| 潜深 | 240米 |
| 自持力 | 45天 |
| 艇员编制 | 52人 |
| 动力系统 | 柴电动力；单轴推进 |

## ■ 性能特点

基洛级常规动力攻击潜艇最大的特点是极其优异的静音性能，不易被敌方发现。其武器为6具533毫米鱼雷发射管，艇上可携行18件武器；或者换成24枚DM-1水雷，每个发射管也能同时装填2枚水雷。还装备有高度自动化的再装填系统，单一发射管能在15秒内重新装填完毕，全部6具鱼雷管能在2分钟内完成装填，配合MVU-110EM战斗系统，可同时锁定5个目标。

**相关链接 >>**

印度在 1986 年购入 8 艘基洛级常规动力攻击潜艇后，1991 年又追加了 2 艘，首艘 S-63 仍为 877 基洛级规格，而 2 号艇 S-63 则是改良后的基洛 877.3 规格，也是印度第一艘能发射"俱乐部"反舰导弹的潜艇。苏联解体后印度与俄罗斯签约，从 1997 年开始陆续将 9 艘 877 型升级为 636 型的水平。

▲ 基洛级常规动力攻击潜艇

# 苏 -33 舰载战斗机

## ■ 简要介绍

苏 -33 舰载战斗机是苏联 / 俄罗斯海军的一款单座双发舰载战斗机,也被称为"侧卫 -D"或"海侧卫",属于第四代战斗机改进型。该机由苏联苏霍伊设计局(现俄罗斯联合航空制造集团公司)在苏 -27 战斗机的基础上研制,以满足苏联 / 俄罗斯海军航母编队的防空需求,并可执行侦察和伙伴空中加油等任务。1984 年,苏霍伊设计局正式获得授权,在苏 -27 战斗机基础上研制苏 -27K 对空防御舰载战斗机,后命名为苏 -33 舰载战斗机。

苏 -33 舰载战斗机于 1998 年 8 月正式服役。苏联解体及俄罗斯海军随后的缩编,导致苏 -33 舰载战斗机的生产数量有限,但仍是俄罗斯海军库兹涅佐夫海军元帅级航空母舰上的主力型号,亦为现役世界上最大的舰载战斗机之一。

| 基本参数 | |
|---|---|
| 长度 | 21.94米 |
| 翼展 | 14.7米 |
| 高度 | 5.93米 |
| 空重 | 18.4吨 |
| 最大起飞质量 | 33吨 |
| 最大速度 | 2300千米/时 |
| 实用升限 | 17千米 |
| 最大航程 | 3000千米 |
| 动力系统 | 2台 AL-31F3加力涡扇发动机 |

## ■ 性能特点

苏 -33 舰载战斗机采用苏 -27 战斗机的折叠机翼,并新设计了增升装置、起落装置和着舰钩等系统,使得飞机在保持优良的作战性能条件下实现了着舰要求。其雷达采用了 N001 雷达的改进型,提高了对水面目标的探测能力。在对空作战中可以使用中距离空空导弹进行拦截作战或者使用短距离导弹进行空中格斗,在对海上目标作战时使用 Kh-41 导弹进行攻击。

## 相关链接 >>

2016 年 12 月 3 日，据俄罗斯国防部透露，俄海军一架苏 -33 舰载战斗机在着舰时，因阻拦索突发故障，战机意外坠入海中，飞行员成功逃生。

▲ 苏 -33 舰载战斗机

# 伊尔 -38 反潜机

## 简要介绍

伊尔 -38 反潜机是苏联伊留申设计局研制开发的一款具备强大反潜能力的海上巡逻机，通过搭载先进的声呐浮标、雷达和电子战系统等设备，可以实现对潜艇的有效探测和跟踪。

随着冷战的加剧，潜艇成为各大国海军竞相发展的重点。为了有效监控和应对潜在威胁，苏联伊留申设计局决定以伊尔 -18 型民航机为基础，研制一款新型反潜巡逻机。在研发过程中，充分借鉴了伊尔 -18 型民航机的成熟技术，并结合反潜作战的实际需求，进行了大量改进和创新。经过严格的测试和评估后，该机于 1967 年成功首飞，并于 1970 年正式加入苏联海军服役。

伊尔 -38 反潜机在服役期间凭借出色的性能和可靠的作战能力，成为苏联 / 俄罗斯海军反潜作战的主力机型之一。该机不仅装备于苏联 / 俄罗斯海军的多个舰队，还出口到印度等国，成为这些国家海上巡逻和反潜作战的重要力量。

| 基本参数 | |
|---|---|
| 长度 | 39.6米 |
| 翼展 | 37.4米 |
| 高度 | 10.17米 |
| 空重 | 36吨 |
| 最大起飞质量 | 63.5吨 |
| 最大速度 | 645千米/时 |
| 实用升限 | 11千米 |
| 最大航程 | 7500千米 |
| 动力系统 | 4台AN-20N涡桨发动机 |

## 性能特点

伊尔 -38 反潜机采用了伊尔 -18 加长 4 米的机身，采用大型飞机常用的下单翼布局，机头下部有大型雷达罩，采用 "WET EYE" 雷达，尾部为磁异常探测器。Berkut 作战系统的雷达对大型舰艇的探测距离达到 250 千米。机翼前后的机身下部为前后 2 个武器舱，可携带声呐浮标和武器，如 RGB-1、AT-2 鱼雷及 RYu-2 核战斗部深弹等。

▲ 伊尔 -38 反潜机

**相关链接 >>**

由于俄罗斯军费拮据，伊尔 -38 反潜机经少量延寿改进后，将继续服役 10 年至 15 年。同时也着力为外国客户提供伊尔 -38SD 型出口改进方案。印度将用数字式"海龙"作战系统替代 Berkut 系统，包括新型合成孔径 / 逆合成孔径雷达、高解析度前视红外系统、微光电视摄影机、新型电子战系统和磁探测器；还将改进自卫系统，加装 R-73 红外近距空空导弹。

# 图-142 反潜机

## ■ 简要介绍

图-142 反潜机是苏联图波列夫设计局在图-95 轰炸机的基础上设计的一款海军大型反潜巡逻机，其北约代号为"熊"。图-142 反潜机具有长航程、大载重和先进的反潜探测能力，是苏联/俄罗斯海军的重要反潜力量之一。

随着冷战的加剧，潜艇成为海上作战的重要力量。为了有效应对海上威胁，苏联决定研制一款大型远程反潜巡逻机。图-142 反潜机于 1963 年开始研制，经过数年的努力，首架原型机于 1968 年 6 月成功首飞。随后，该机经历了多轮飞行测试和改进，以满足海军的需求。

图-142 反潜机自 1970 年开始在苏联海军航空兵中服役，至今已有数十年历史。尽管机龄较老，但该机仍保持着一定的作战能力，并在多次海上巡逻和反潜任务中发挥了重要作用。除了苏联/俄罗斯海军外，图-142 反潜机还曾装备于乌克兰空军，出口至印度等国家。

| 基本参数 | |
|---|---|
| 长度 | 49.5米 |
| 翼展 | 51.1米 |
| 高度 | 12.12米 |
| 空重 | 120吨 |
| 最大起飞质量 | 188吨 |
| 最大速度 | 925千米/时 |
| 实用升限 | 12.15千米 |
| 最大航程 | 16750千米 |
| 动力系统 | 4台涡桨发动机 |

## ■ 性能特点

图-142 反潜机具有良好的战场生存能力，该机装有性能强劲的发动机，可以高速飞行，并可在简易机场完成起降。机身密布天线系统，可通过"鸢"式搜索瞄准雷达、声磁探测系统和投放无线电浮标识别水下目标，还可使用包括鱼雷和核深弹在内的多种武器，直接对水面和水下目标开展打击。

相关链接 >>

图-142反潜机的反潜过程主要包括搜索探测、识别定位、跟踪攻击等阶段，采用扇形法和方形法对一定海域进行检查搜索，并在指引下使用深水炸弹和反潜鱼雷直接攻击潜艇。对潜攻击的主要武器包括ATR-2E和ATR-3轻型声导反潜鱼雷，可有效打击潜深600米、航速30节的高速潜艇。

▲ 图-142反潜机

# 卡-27 "蜗牛" 反潜直升机

## ■ 简要介绍

　　卡-27 "蜗牛" 反潜直升机是由苏联卡莫夫设计局研制的一款共轴反转双旋翼直升机，也是一款双发动机、多用途军用直升机，具备强大的反潜能力，可执行反潜、海上巡逻与侦察等任务。

　　卡-27 "蜗牛" 反潜直升机是为了取代已相对落后的卡-25 单发共轴双旋翼反潜直升机而研制的，设计工作始于 1969 年，原型机于 1974 年 12 月首飞，20 世纪 80 年代初研制成功并投入生产。其设计充分利用了卡莫夫设计局在共轴双旋翼直升机领域的雄厚技术积累。

　　卡-27 "蜗牛" 反潜直升机于 1982 年开始进入军队服役，分别装载在导弹驱逐舰、核动力导弹巡洋舰以及航空母舰、巡洋舰上。此外，印度、越南、韩国等国也装备了卡-27 "蜗牛" 反潜直升机或其衍生型号。在执行反潜任务时，卡-27 "蜗牛" 反潜直升机能够携带鱼雷、深水炸弹等武器，有效应对敌方潜艇的威胁。同时，在搜索与救援等民用领域也表现活跃。

| 基本参数 | |
| --- | --- |
| 长度 | 11.3米 |
| 旋翼直径 | 15.9米 |
| 高度 | 15.9米 |
| 最大起飞质量 | 12.6吨 |
| 最大速度 | 250千米/时 |
| 实用升限 | 6千米 |
| 最大航程 | 1200千米 |
| 动力系统 | 2台TV3-117V涡轮轴发动机 |

## ■ 性能特点

　　卡-27 "蜗牛" 反潜直升机最大的特点是卡莫夫设计局拿手的共轴反转双旋翼设计，它不带尾部旋翼，极大提高了直升机结构的紧凑性。机上装有 360 度搜索雷达、多普勒雷达、深水声呐浮标、磁异常探测器、红外干扰仪和干扰物投放器等。主要武器包括 1 枚 406 毫米口径的自导鱼雷、1 枚火箭弹、10 枚深水炸弹。

▲ 卡-27"蜗牛"反潜直升机

相关链接 >>

卡-27"蜗牛"反潜直升机作为苏联海军新一代舰载反潜直升机，在执行反潜任务时可以携带鱼雷和深水炸弹以及声呐，用于对付敌方的潜艇，它携带的鱼雷对于水面舰艇也具有威慑力。此外，该机的零部件要比传统设计的直升机少1/4，而且部分零部件可以与俄罗斯陆基直升机通用，所以在实用性和多用途能力上有较大优势。

# 卡-31 "螺旋" 预警直升机

## ■ 简要介绍

卡-31 "螺旋" 预警直升机是苏联卡莫夫设计局研制的一款装有先进雷达系统的多用途舰载预警直升机。其设计初衷是提升苏联海军的空中预警能力，增强对海上及空中目标的探测与跟踪能力。

随着冷战的加剧，苏联海军意识到需要一种能够迅速响应并有效探测空中及海上威胁的预警平台。因此，卡莫夫设计局在卡-29舰载武装直升机的基础上，开始了预警直升机的研发工作。研发工作始于20世纪80年代中期，1987年首架原型机成功首飞。在随后的研发过程中，卡莫夫设计局对直升机进行了多次改进和优化，最终于1995年正式定型为卡-31 "螺旋" 预警直升机并投入生产。

卡-31 "螺旋" 预警直升机自1995年开始在俄罗斯海军中服役，并迅速成为其航母编队的重要组成部分。除了俄罗斯海军外，卡-31 "螺旋" 预警直升机还出口至印度等国，成为这些国家海军的重要装备之一。在印度海军中，卡-31 "螺旋" 预警直升机被部署在航母上，执行空中预警和海上巡逻任务。

| 基本参数 | |
|---|---|
| 长度 | 11.6米 |
| 旋翼直径 | 15.9米 |
| 高度 | 5.5米 |
| 最大起飞质量 | 12.5吨 |
| 最大速度 | 250千米/时 |
| 实用升限 | 5千米 |
| 最大航程 | 680千米 |
| 动力系统 | 2台TV3-117VMAR涡轮轴发动机 |

## ■ 性能特点

卡-31 "螺旋" 预警直升机装有E801M "眼睛" 型空中和海上监视雷达，机腹装有1座大型平板雷达天线，天线长6米，宽1米，质量为200千克，10秒钟内可旋转360度。直升机起降时，雷达天线可进行90度折叠平贴在机腹上；执行任务时再90度翻转展开工作。它可24小时使用，主要用于探测3200～4570米高度的空中目标，更高高度的目标则由舰载雷达探测。

▲ 卡-31 "螺旋" 预警直升机

**相关链接 >>**

卡-31 "螺旋" 预警直升机的机载雷达可同时发现 200 个战斗机类目标，并跟踪其中的 20 个，1 小时内可巡逻 25 万平方千米。它对战斗机、直升机、巡航导弹的预警距离为 120 千米，对小型舰艇的预警距离达 250 千米，对大型目标的预警距离则达 300 千米。该机虽然起降条件灵活，适用性较强，但由于飞行距离近，探测能力远不及固定翼飞机。

# RSM-56 "布拉瓦" 潜射弹道导弹

## ■ 简要介绍

RSM-56 "布拉瓦" 潜射弹道导弹是俄罗斯专为战略核潜艇设计的一款潜射型洲际弹道导弹，具有较远的射程和强大的突防能力。它可以携带 6~10 枚分导式核弹头，平均射程超过 8000 千米，能够执行远程核打击任务。

该导弹的研制始于 1998 年，旨在替代俄罗斯海军老旧的潜射弹道导弹，以提升其战略威慑能力。由于其高度的技术复杂性和对可靠性的严格要求，在研发过程中，该导弹经历了多次技术试验和改进，研制周期较长。

RSM-56 "布拉瓦" 潜射弹道导弹于 2013 年正式列装俄罗斯海军，并随北风之神级战略核潜艇首艇 "尤里·多尔戈鲁基" 号的服役而投入使用。在服役后，该导弹多次成功完成了试射任务，展示了其良好的性能和可靠性。俄罗斯国防部也多次发布消息称，该导弹已具备实战能力，并将在未来的核威慑战略中发挥重要作用。

| 基本参数 | |
|---|---|
| 弹长 | 11.5米（无弹头） |
| 弹径 | 2米 |
| 弹体质量 | 36.8吨 |
| 弹头数量 | 6~10枚 |
| 圆周精度 | 150~350米 |
| 射程 | 8000~10000千米 |

## ■ 性能特点

RSM-56 "布拉瓦" 潜射弹道导弹采用三级火箭助推，使用固体燃料作为推进剂。载荷为 1 枚 55 万吨 TNT 当量的核弹头，弹头加装了防辐射及电磁干扰的防护罩和诱饵装置等。其分导式弹头段安装有 PBV 助推系统，通过自带的惯性导航系统和 "格洛纳斯" 全球定位系统接收机定位，命中精度达 350 米。

▲ RSM-56 "布拉瓦" 潜射弹道导弹

**相关链接 >>**

　　RSM-56 "布拉瓦" 潜射弹道导弹可在海下发射，隐蔽性好，生存能力力强，克服了 "白杨 –M" 洲际弹道导弹在发射初始阶段易被美国卫星探测并遭受打击的缺陷，可以在大洋的任何位置发射，利用潜艇的隐蔽性能，实现突然攻击，加之它威力极大，能够对境外主要城市构成威胁，因而使俄罗斯的战略核打击力量大大增强。

# 俄罗斯陆军

  俄罗斯陆军现役装备了一系列重要武器，这些武器不仅体现了俄罗斯在军事科技领域的强大实力，也为其国防安全提供了坚实保障。

  首先，T-14"阿玛塔"主战坦克是俄罗斯陆军现役的明星装备。这款坦克采用了先进的无人炮塔设计，大幅提升了乘员的生存能力和作战效能。其强大的火力和防护能力，使其成为现代战场上不可忽视的力量。

  此外，俄罗斯陆军还装备了多种型号的自行榴弹炮，如2S35"联盟-SV"自行榴弹炮不仅射程远、精度高，还具备快速部署和转移阵地的能力，为陆军提供了强大的火力支援。特别是其无人炮塔和自动化装填系统，使得作战效率大幅提升。

  俄罗斯陆军还装备了多种步兵战车和装甲车，如BMP-3履带式步兵战车和"回旋镖"装甲运兵车。这些战车不仅火力强大，还具备良好的机动性和防护能力，为陆军提供了强大的地面突击力量。

  俄罗斯陆军还装备了火箭炮，BM-30"龙卷风"火箭炮是俄罗斯现役的一款先进多管火箭炮系统，其具备强大的火力覆盖能力和快速反应能力，能在短时间内对敌方目标实施毁灭性打击。

  俄罗斯陆军现役的重要武器种类繁多、性能卓越，能为现代战争提供有力保障。

# T-72 主战坦克

## ■ 简要介绍

　　T-72 主战坦克是 20 世纪 60 年代初苏联设计生产的一款主战坦克，以系统配置易于生产、可靠耐用而著称。该坦克的研发始于 1967 年，旨在开发一款效益高、性能适中的坦克，以取代老旧的 T-55 和 T-62 坦克，满足苏联及其华约盟国的大量装备需求。

　　T-72 主战坦克保留了苏制坦克特有的低矮外形，配备了 125 毫米大口径主炮，可发射多种弹药，包括炮射导弹。坦克的设计还考虑了防护性，装备了复合装甲和爆炸反应装甲，以增强生存能力。

　　T-72 主战坦克于 1973 年正式装备苏联陆军，并在随后的几十年里成为苏联装甲部队的主力。它不仅在苏联国内大量服役，还广泛外销至波兰、捷克斯洛伐克、印度等多个国家。至今，T-72 坦克仍是许多国家陆军的重要装备之一。

| 基本参数 | |
|---|---|
| 车长 | 6.9米 |
| 车宽 | 3.37米 |
| 车高 | 2.38米 |
| 战斗全重 | 46.5吨 |
| 最大速度 | 80千米/时 |
| 最大行程 | 450千米 |
| 动力系统 | 1台B-46型4冲程12V60°水冷多种燃料机械增压发动机 |

## ■ 性能特点

　　T-72 主战坦克的主要武器是 1 门 2A46 式短后坐 125 毫米滑膛坦克炮，还装有炮射导弹、自动装弹机等一系列先进的设备，可发射尾翼稳定脱壳穿甲弹。车体非重点部位采用均质装甲，前上部分采用了复合装甲；驾驶舱和战斗舱四壁装有含铅有机材料制成的衬层，具有防辐射和防快中子流的能力；另外还有集体防护式三防装置和烟幕装置等。

▲ T-72 "乌拉" 主战坦克

相关链接 >>

T-72 主战坦克堪称苏联继 T-34 坦克后的又一名作，是一款具有强大威力且简单实用的武器平台。但如今其性能已远远落后于世界其他第三代主战坦克，比如，火力和防护能力已经不足以应付新的威胁；机动性远远落后于时代；信息能力严重缺乏，与当今世界网络化、信息化的大趋势严重脱节；防火抑爆措施不足；等等。

# T-90 主战坦克

## ■ 简要介绍

    T-90 主战坦克是苏联 / 俄罗斯于 20 世纪 90 年代初研制的一款第三代主战坦克，以出色的火力、防护性和机动性著称，是俄罗斯陆军装甲兵的主力装备。它采用了先进的火控系统、复合装甲和强大的动力系统，能够在复杂战场环境下执行多种作战任务。

    T-90 主战坦克的研发始于 20 世纪 80 年代晚期，经历了多次试验和改进。其设计团队在 T-72 主战坦克的基础上，引入了 T-80 主战坦克的火控系统和部分先进技术，使得 T-90 主战坦克在性能上有了显著提升。

    经过严格的测试和评估，T-90 主战坦克于 1995 年正式服役。自服役以来，T-90 主战坦克已成为俄罗斯陆军的重要作战力量之一。它不仅在俄罗斯国内广泛部署，还出口至多个国家，如印度、阿尔及利亚等。在多次国际军事演习和冲突中，该坦克都表现出了优异的性能和可靠性，赢得了广泛的赞誉。目前，T-90 主战坦克已发展出多种衍生型号，以满足不同国家的作战需求。

| 基本参数 | |
| --- | --- |
| 车长 | 9.53米 |
| 车宽 | 3.37米 |
| 车高 | 2.26米 |
| 战斗全重 | 46.5吨 |
| 最大速度 | 65千米 / 时 |
| 最大行程 | 550千米 |
| 动力系统 | V-84MSV型12缸增压柴油发动机 |

## ■ 性能特点

    T-90 主战坦克装备 1 门 2A46M-1/2 型 125 毫米滑膛炮，能发射新一代 125 毫米穿甲弹，包括采用贫铀弹芯的 3BM46/48 穿甲弹，它在 2000 米距离上穿甲厚度为 875 毫米。另一种是有三重装药的 3BK29M 破甲弹，能在击毁任何反应装甲之后再击穿厚度 710 毫米以上的主装甲。炮射导弹采用"映射"控制系统，可引导导弹在 6000 米距离以内命中精度达 95%。

▲ T-90 主战坦克

相关链接 >>

进入 21 世纪后，俄罗斯陆军现有约 1 万辆坦克，但是 T-80U、T-90、T-90A 等新型主战坦克的数量不足十分之一。2011 年 3 月，俄罗斯陆军总司令公开批评 T-90 主战坦克性价比不高，因而乌拉尔瓦贡扎沃德公司再次进行升级改造，推出了 T-90M "突破" 主战坦克。2019 年，俄罗斯国防部计划将上百辆现役的 T-90 主战坦克升级至最新的 T-90M "突破" 主战坦克的标准。

# T-14"阿玛塔"主战坦克

## 简要介绍

T-14"阿玛塔"主战坦克是俄罗斯 21 世纪初期研制的新一代主战坦克，因其革命性的设计和先进的技术特点而备受关注。

该坦克的研发工作始于 2009 年，由乌拉尔运输机械设计制造局负责。在研发该坦克的过程中采用了大量新技术和新材料，旨在提升坦克的整体性能和作战效能。另外，还采用了无人遥控炮塔设计，搭载全新 2A82 式 125 毫米滑膛炮，配备先进的防护装甲和数字化作战指挥系统，旨在提升该坦克在极端气候和复杂战场环境下的作战能力。

经过多年的研发和试验，该坦克于 2015 年在莫斯科红场阅兵式上公开亮相，于 2016 年开始批量生产并正式列装俄罗斯陆军，成为俄军新一代主战坦克。其先进的性能和可靠性在多次演习和测试中得到了验证，为俄罗斯陆军提供了强有力的支援。未来，T-14"阿玛塔"主战坦克有望进一步提升俄罗斯陆军的作战能力和技术水平。

| 基本参数 | |
|---|---|
| 车长 | 10.8米 |
| 车宽 | 3.6米 |
| 车高 | 3.3米 |
| 战斗全重 | 55吨 |
| 主要武器 | 125毫米滑膛炮 |
| 最大速度 | 90千米/时 |
| 最大行程 | 500千米 |
| 乘员 | 3人 |

## 性能特点

T-14"阿玛塔"主战坦克安装了可配备多种燃料的 X 型发动机，功率高于俄罗斯其他现有的坦克。自动化火控系统下的主要武器为 125 毫米的内膛镀铬且无抽烟装置的 2A82-1M 滑膛炮，该炮能够发射所有 125 毫米炮弹（包括炮射导弹），火炮的技术性能（精度、弹着点散布、炮弹初速、弹药威力）超过世界上所有坦克炮 20%~25%。在防御上，该坦克配装有新一代爆炸反应装甲。

▲ T-14 "阿玛塔" 主战坦克

**相关链接 >>**

T-14 "阿玛塔" 坦克的自动化火控系统包括：车长全套观瞄设备和炮长全套观瞄设备、360度本地态势感知系统、车载计算机、武器稳定器、机枪控制装置、包括气象传感器和身管弯曲计算装置在内的全套射击环境自动传感器，以及自动目标跟踪机，性能上超越了此前俄罗斯的所有火控系统。

# BMP-1/2 步兵战车

## ■ 简要介绍

BMP-1 步兵战车是苏联在 20 世纪 60 年代初期为满足直接载运步兵协同作战需求而研制的。它采用了履带式底盘，结合了轻型坦克和装甲运兵车的优点，具备较高的机动性、防护能力和火力。在 BMP-1 步兵战车的研发过程中，各大设计局竞相提出方案，最终履带式的 765 工程胜出，于 1964 年定型并批量生产，1967 年服役。该战车在苏联及其他华约国家军队中广泛装备，成为步兵作战的重要装备之一，参与了多次军事冲突和局部战争，展现了其优秀的作战性能。

BMP-2 步兵战车是 BMP-1 的后续发展型，于 20 世纪 70 年代末开始生产。在 BMP-1 的基础上进行了全面升级，包括改进火控系统、提升防护装甲、增强机动性等。该战车在苏联解体后继续在俄罗斯及其他华约国家军队中服役，并成为许多国家军队的主力步兵战车之一。它参与了多次军事演习和冲突，证明了其优异的作战性能。同时，BMP-2 步兵战车也出口到多个国家，成为国际军贸市场上的热门产品。

▲ BMP-2 步兵战车

## 基本参数（BMP-1）

| | |
|---|---|
| 车长 | 6.735米 |
| 车宽 | 2.94米 |
| 车高 | 2.15米 |
| 战斗全重 | 13.2吨 |
| 主要武器 | 73毫米2A28低压滑膛炮 |
| 最大速度 | 陆上：65千米/时；水上：7千米/时 |
| 最大行程 | 600千米 |
| 乘员 | 3（车长、驾驶员与炮手）+8名步兵 |

## ■ 性能特点

BMP-1 步兵战车的主要武器是 1 门 73 毫米 2A28 低压滑膛炮，配用定装式尾翼稳定破甲弹；采用重型反坦克火箭筒所使用的火箭增程弹时最大飞行速度每秒可达 665 米，最大射程 1300 米。BMP-2 步兵战车的主要武器为 1 门 30 毫米高平两用机关炮，直射距离为 1000 米，配用的弹种有曳光榴弹和曳光破甲弹；还有 1 个反坦克导弹发射管，配有 4 枚红外制导的拱肩反坦克导弹。

▲ BMP-1 步兵战车

**相关链接 >>**

BMP-1、BMP-2 和 BMP-3 步兵战车，堪称俄罗斯步兵战车"三兄弟"，是世界上最先发展了三代的步兵战车。由于 BMP 战车性能先进，自然吸引了不少国家引进和仿制。又由于冷战时期苏联的扩张战略，BMP-1 步兵战车更是遍布世界各个地区，引发了一股仿制热潮，BMP 系列步兵战车也成为世界上装备数量和装备国家最多的步兵战车。

# BMP-3 步兵战车

## ■ 简要介绍

BMP-3 步兵战车是苏联 / 俄罗斯研制的第三代履带式步兵战车，以强大的火力和多种武器配置著称。其研发始于 20 世纪 80 年代初，旨在弥补前代车型 BMP-1 步兵战车和 BMP-2 步兵战车在火力、机动性和防护性方面的不足。该战车于 1987 年正式服役于苏联军队，并在随后的军事行动和演习中展现了其优越的性能。

BMP-3 步兵战车不仅在苏联 / 俄罗斯军队中广泛使用，还出口至世界多个国家，并参与了多次实战行动，展现了其作为现代步兵战车的卓越性能。随着技术的不断进步，BMP-3 步兵战车还发展出了多种衍生型号，如 BMP-3M 等，进一步提升了其作战能力。

| 基本参数 | |
|---|---|
| 车长 | 7.14米 |
| 车宽 | 3.2米 |
| 车高 | 2.4米 |
| 战斗全重 | 18.7吨 |
| 主要武器 | 100毫米2A70型线膛炮；30毫米2A42型机炮或2A72型机炮 |
| 最大速度 | 陆上：72千米/时；水上：10千米/时 |
| 最大行程 | 600千米 |
| 乘员 | 3（车长、驾驶员与炮手）+ 7名步兵（+2个额外座位） |

## ■ 性能特点

BMP-3 步兵战车采用新型 2K23 炮塔系统，配装 100 毫米 2A70 型线膛炮和 30 毫米 2A72 型机关炮各 1 门，以及 1 挺 7.62 毫米并列机枪。其前装甲可防护 300 米以外的 30 毫米穿甲弹攻击，其他部位也可以防护轻武器和炮弹破片的攻击。战车内部装有超压式三防系统、灭火抑爆系统、热烟幕系统。车体下部的推土铲既可用作工程作业，也可以起到辅助防护的作用。

▲ BMP-3 步兵战车

## 相关链接 >>

2A70 型 100 毫米低膛压线膛炮，在世界步兵战车之林中可以说是"只此一家，别无分店"。这种火炮带自动装弹机和双向稳定器，可发射杀伤爆破弹和炮射导弹。采用电动操纵装置，必要时也可以手动操纵。发射的杀伤爆破弹质量为 24.5 千克，炮口初速每秒 250 米，但弹丸可以不断加速，最大有效射程 4000 米。发射的炮射导弹为 9M117 型反坦克导弹。

# BMD-1/2 伞兵战车

## ■ 简要介绍

BMD-1 伞兵战车是苏联在 20 世纪 60 年代为提升空降部队的作战能力而研制的。该战车是在 BMP-1 步兵战车的基础上，通过缩小尺寸、降低重量，并应用空投技术而成功研发。BMD-2 是在 BMD-1 的基础上进一步改进而来的。它保留了 BMD-1 的底盘设计，但武器系统升级为 30 毫米 2A42 型机关炮，从而提升了火力性能。

经过一系列研发和测试，BMD-1 伞兵战车于 1970 年开始装备苏联空降部队，并在 1973 年的莫斯科红场阅兵式上首次公开亮相。自装备以来，它一直是苏联及后来俄罗斯空降部队的主力战车之一，参与了多次军事行动和演习，以其高机动性、良好的火力以及较轻的车重而著称，能够在复杂地形和恶劣环境下执行多种任务。BMD-2 自装备以来，同样在苏联及俄罗斯空降部队中发挥了重要作用，它参与了多次军事冲突，并以优异的性能赢得了广泛认可。另外，因其能够在复杂地形的条件下执行任务，所以在陆军中也有使用。

▲ BMD-2 伞兵战车

## 基本参数（BMD-2）

| | |
|---|---|
| 车长 | 5.34米 |
| 车宽 | 2.65米 |
| 车高 | 2.04米 |
| 战斗全重 | 8.23吨 |
| 主要武器 | 30毫米2A42型机关炮；AT-4或AT-5反坦克导弹发射器 |
| 最大速度 | 陆上：60千米/时；水上：10千米/时 |
| 最大行程 | 陆上：500千米；水上：116千米 |
| 乘员 | 3（车长、驾驶员与炮手）+ 4~5名步兵 |

## ■ 性能特点

BMD-1 伞兵战车可以机降也可以伞投，主要武器为1门73毫米低压滑膛炮，在1000米距离上破甲厚度为300毫米，有效射程1300米。主炮右侧有1挺7.62毫米并列机枪；车顶有AT-3"赛格"反坦克导弹发射轨。该车水上行驶时，由车体后部的2个喷水推进器推进。BMD-2 伞兵战车主要武器为1门30毫米高平两用机关炮，配用曳光榴弹和曳光破甲弹，采用双向单路供弹。

▲ BMD-1 伞兵战车

相关链接 >>

1979 年，苏军在阿富汗战争中曾大量使用 BMD-1 伞兵战车，与 BMP-1 步兵战车、BTR-70 装甲车共同承担护送运输车队的任务。阿富汗地形多山，峡谷密布，道路条件极差，尤其在高海拔地区，很多桥梁根本不允许太重的车辆通行，所以护送车队的重担便压在了 BMD-1 伞兵战车的身上，结果它表现得不错。

# BMD-3/4 伞兵战车

## ■ 简要介绍

　　BMD-3 伞兵战车是苏联于 20 世纪 80 年代末开始研制的一款第三代 BMD 伞兵战车，于 90 年代初正式装备苏联空降军和海军陆战队。BMD-3 伞兵战车采用了全新的设计，将 BMP-2 步兵战车的炮塔安装在新底盘上，实现了技术上的飞跃。BMD-4 伞兵战车也称为 BMD-3M 的后续发展型，是在 BMD-3 伞兵战车的基础上进一步改进而来的。它采用了更先进的火控系统和防护装甲，并配备了更强大的发动机，以提升整体作战性能。

　　BMD-3 伞兵战车自服役以来，成为俄罗斯空降部队的重要装备之一。它参与了多次军事演习和冲突，展示了其高机动性、强大火力和良好防护性能；还具备两栖行进能力，可在水面和陆地之间自由转换，进一步提升了其作战灵活性。BMD-4 伞兵战车装备俄罗斯空降部队后，以其更优异的性能和更先进的技术特点，进一步提升了俄罗斯空降部队的作战能力和水平。

　　这两种战车的模块化设计和高度的战场适应性，在陆军中也非常有用，特别是在需要快速部署和机动化作战时。

▲ BMD-4 伞兵战车

| 基本参数（BMD-3） ||
|---|---|
| 车长 | 6.51米 |
| 车宽 | 3.134米 |
| 车高 | 2.17米 |
| 战斗全重 | 13.2吨 |
| 主要武器 | 2A42型30毫米机关炮；AT-4或AT-5反坦克导弹发射器 |
| 最大速度 | 陆上：60千米/时；水上：10千米/时 |
| 最大行程 | 陆上：500千米；水上：80千米 |
| 乘员 | 3（车长、驾驶员与炮手）+ 4~5名步兵 |

## ■ 性能特点

　　BMD-3 在空降脱离飞机 3~4 秒后 12 个降落伞相继打开，战车随即呈水平状态缓慢下降，着陆后降落伞自动脱钩，立即就能投入战斗，使敌军难以采取有效的反空降措施。其主武器为 30 毫米机炮，配有穿甲燃烧弹和榴弹。BMD-4 采用了新型通用战斗模块，威力比 BMD-3 提高了 1.5 倍。

**相关链接 >>**

　　2004 年 3 月，BMD-4 伞兵战车在俄罗斯空降兵学院进行实战演习，取得了成功。该车整体性能优越，作战地域较广，战斗能力较强，既能在海拔 4000 米的高山地区作战，又能在 3 级海况的水面航渡，能随同登陆舰发起进攻，抢占滩头阵地，还能从军用运输机上伞降至敌人后方。

▲ BMD-3 伞兵战车

# BTR-70 装甲输送车

## 简要介绍

    BTR-70 装甲输送车是苏联于 20 世纪 70 年代研制的一款 8×8 轮式装甲输送车，它不仅是一个自行火力据点，还具备高越野能力和快速运输的特点，能够在复杂地形和战场上有效执行任务。

    BTR-70 装甲输送车的研发始于 1972 年，根据苏联国防部第 0141 号命令，苏联军工企业开始研制这款装甲车。在研发过程中，BTR-70 在 BTR-60PB 装甲输送车的基础上进行了多项改进，包括安装新型发动机、改善载员射击位置、增加侧舱门等。这些改进使得 BTR-70 在性能上有了显著提升。

    BTR-70 装甲输送车于 1981 年开始批量生产，并迅速装备到苏联军队中。至今，BTR-70 仍在俄罗斯军队服役，并参与了多次军事行动和冲突，其优秀的运输能力和火力支援能力得到了广泛认可。此外，该车还出口到多个国家，成为国际军贸市场上的热门产品。

| 基本参数 | |
| --- | --- |
| 车长 | 7.535米 |
| 车宽 | 2.8米 |
| 车高 | 2.32米 |
| 战斗全重 | 11.5吨 |
| 主要武器 | 14.5毫米KPVT重机枪；12.7毫米DShK重机枪 |
| 最大速度 | 陆上：80千米/时；水上：9千米/时 |
| 最大行程 | 600千米 |
| 乘员 | 3（车长、驾驶员与炮手）+ 7名步兵 |

## 性能特点

    BTR-70 装甲输送车安装了当时更新型、先进和强劲的 GAZ-66 发动机；配备了三防系统和自动灭火系统；在驾驶员位置装配了发动机动力传动分离系统，在一台发动机出现故障的情况下，可依靠另一台完好发动机的动力来驱动车辆；还安装了 2 台发电机和二级喷水推进器。

▲ BTR-70 装甲运兵车

## 相关链接 >>

苏军在阿富汗战争中使用了BTR-70装甲输送车，并为其研制和生产了可拆卸的附加装甲。为了增强火力，在部队装备的部分BTR-70炮塔上加装了AGS-17"火焰"自动榴弹发射器。在使用过程中，发现了该车一系列不足之处，如其装备的2台发动机和复杂传动装置造成使用维护和维修工作量巨大；二级喷水推进器在浮渡时经常被水草、泥浆堵塞。

# BTR-80 装甲输送车

## ■ 简要介绍

BTR-80 装甲输送车是苏联设计的一款具备高机动性、良好防护性能和较高火力支援能力的装甲车辆。它主要用于输送步兵分队，并在战场上为步兵分队提供火力支援，是苏联 / 俄罗斯装甲车系列中的重要成员。

BTR-80 装甲输送车的研发始于 20 世纪 80 年代初，针对 BTR-70 在实战中暴露的问题进行了改进。设计师们取消了 BTR-60 和 BTR-70 的双汽油发动机设置，安装了 V8 柴油发动机，输出功率达到 260 马力。这一改进显著提升了 BTR-80 的机动性能。此外，BTR-80 还配备了现代化的瞄准设备和红外探照灯，进一步增强了其作战能力。

BTR-80 装甲输送车于 1986 年开始服役，并迅速成为苏联 / 俄罗斯军队中的重要装备之一。它参与了多场军事冲突和局部战争，如阿富汗战争、格鲁吉亚内战、叙利亚内战等，展现了其优秀的越野性能、道路性能以及火力支援能力。BTR-80 还出口到多个国家，成为国际军贸市场上的热门产品。在服役过程中，BTR-80 不断接受改进和升级，以满足不同作战需求。

| 基本参数 | |
|---|---|
| 车长 | 7.7米 |
| 车宽 | 2.9米 |
| 车高 | 2.35米 |
| 战斗全重 | 13.6吨 |
| 主要武器 | 14.5毫米 KPVT 重机枪或30毫米 2A72 机炮 |
| 最大速度 | 80千米 / 时 |
| 最大行程 | 600千米 |
| 乘员 | 3 (车长、驾驶员与炮手) + 7名步兵 |

## ■ 性能特点

BTR-80 装甲输送车在其单人炮塔上装有 1 挺 14.5 毫米重机枪和 7.62 毫米并列机枪。还装有防空导弹发射架、8 支自动步枪、反坦克火箭筒、手榴弹和信号弹。炮塔的后部外侧装有 6 个烟幕弹发射器。车体和炮塔装甲能够防御步兵武器、地雷和炮弹破片。车体和炮塔在作战时可迅速密闭，保证车内有超压的新鲜空气。

## 相关链接 >>

BTR-80 装甲输送车曾参加过阿富
汗战争、塔吉克斯坦内战、卡拉巴赫
战争、格鲁吉亚 - 阿布哈兹冲突、第一次车
臣战争、第二次车臣战争、南奥塞梯战争
等，是一款饱受战火洗礼的装甲车辆。

▲ BTR-80 装甲输送车

# BTR-90 装甲输送车

## ■ 简要介绍

BTR-90 装甲输送车是俄罗斯在20世纪90年代初期专为现代战场设计的一款轮式装甲车，它集成了高机动性、先进防护技术和强大火力配置，能够有效地执行步兵输送、火力支援、侦察巡逻等多种任务。

BTR-90 装甲输送车的研发始于1993年，作为 BTR-80 装甲输送车的增大版本，它吸收了 BMP-2 步兵战车的部分设计元素，并进行了全面升级。该车的研发背景是阿富汗战争中 BTR-70 和 BTR-80 装甲输送车暴露出一些不足，如防护能力较弱、火力配置不够强大等，因此在设计中特别注重提高该车的防护能力和火力支援能力，以满足现代战争的需求。

BTR-90 装甲输送车于2004年开始生产，并计划装备俄罗斯陆军和海军陆战队的运输和支援单位。然而，由于俄罗斯国防部认为其设计理念过于老旧，且生产成本较高，BTR-90 并未得到大量采购。尽管如此，该车仍然在某些地区和特定任务中得到了应用，并展现出了卓越的性能。

| 基本参数 | |
|---|---|
| 车长 | 7.64米 |
| 车宽 | 3.2米 |
| 车高 | 2.98米 |
| 战斗全重 | 20.9吨 |
| 主要武器 | 希普诺夫2A42式30毫米口径机关炮；2A70式100毫米口径线膛炮 |
| 最大速度 | 陆上：100千米/时；水上：9千米/时 |
| 最大行程 | 800千米 |
| 乘员 | 3(车长、驾驶员与炮手)＋7名步兵 |

## ■ 性能特点

BTR-90 装甲输送车采用高硬度装甲钢制造，全焊接装甲的车体结构。炮塔采用防弹铝合金材料加附加钢装甲和复合材料的"三明治"结构，可抵御152毫米炮弹碎片的攻击。其主要武器是1门30毫米2A42型机关炮、1具 AGS-17 榴弹发射器、1套"竞技神"反坦克导弹系统和1挺7.62毫米机枪。并配有前视第二代红外探测器、全天候瞄准镜的火控系统。

▲ BTR-90 装甲输送车

相关链接 >>

BTR-90 装甲输送车装备的"竞技神"反坦克导弹系统采用合成技术，在飞行起始阶段采用惯性导航系统；而射程为 40~100 千米的导弹则使用无线电控制；在最终阶段，则采用半主动激光制导。该反坦克导弹的最大特点是可以在陆、海、空三军的 3 种平台上发射，并能摧毁方圆 100 千米以内的坦克、装甲车辆、点目标、小型舰船，以及低空慢速飞行的目标。

# "库尔干人 –25"步兵战车

## ■ 简要介绍

"库尔干人 –25"步兵战车是俄罗斯陆军装备的新一代中型履带式步兵战车，由库尔干机械制造厂研制。它采用模块化设计，可根据不同任务需求配置不同的武器和装备，具备高机动性、强火力和良好防护性能等特点。

"库尔干人 –25"步兵战车的研发始于阿玛塔通用底盘系统平台，旨在打造一款能够取代俄军现役老旧步兵战车的新型装甲车辆。该战车在研发过程中注重提升乘员舒适性、增强火力打击能力和提高防护水平。其无人炮塔设计、先进的火控系统和模块化装甲配置等创新技术，使得"库尔干人 –25"步兵战车的性能达到了国际先进水平。

"库尔干人 –25"步兵战车于 2015 年定型并开始服役于俄罗斯陆军。它以其卓越的性能和广泛的用途，迅速成为俄军装甲部队的重要组成部分。该战车不仅可用于执行步兵支援任务，还可根据需要衍生出装甲运兵车、反坦克自行火炮等多种型号，满足俄军在不同战场环境下的作战需求。

| 基本参数 | |
|---|---|
| 车长 | 7.2米 |
| 车宽 | 4米 |
| 高度 | 3.2米 |
| 战斗全重 | 25吨 |
| 主要武器 | 库尔干人–25 IFV："回旋标"–BM型遥控炮塔<br>库尔干人–25 APC: 12.7毫米Kord重机枪<br>库尔干人–25SPA AG: 57毫米С–60高射炮<br>库尔干人–25 SPG: 125毫米火炮 |
| 最大速度 | 陆上: 80千米/时；水上: 10千米/时 |
| 乘员 | 3 (车长、驾驶员与炮手) + 8名步兵 |

## ■ 性能特点

"库尔干人 –25"步兵战车革命性地采用了无人炮塔，配备 1 门全稳定式 30 毫米 2A42 型双路供弹自动炮、PKTM 7.62 毫米机枪和 2 具激光驾束制导的"短号"反坦克导弹发射筒。炮塔设置有车长、炮长用 2 个瞄准具，还集成了主动防御系统，炮塔底部四周装有传感器和榴弹发射器，可以自动发射榴弹拦截敌方反坦克导弹。

▲ "库尔干人 -25" 步兵战车

**相关链接 >>**

"库尔干人 -25" 步兵战车在加装全套附加装甲后,整体防御能力尽管相比德国"美洲豹"这类全新步兵战车还有一定差距,但相比英国"武士"或美国的"布雷德利"这类传统步兵战车,还是有一定优势的,能有效防御火箭筒与小口径火炮的中、近距离打击,完全能适应未来陆战需求。

# "回旋镖"装甲运兵车

## ■ 简要介绍

"回旋镖"装甲运兵车是俄罗斯研制的一款新一代轮式装甲运兵车，集成了强大的防护能力、火力支援和人员输送功能。它采用了模块化设计，可根据不同任务需求灵活配置装备，形成多种变形车，如装甲指挥车、侦察车等，以适应复杂的战场环境。

"回旋镖"装甲运兵车的研发始于对俄军作战任务变化的适应，特别是针对防护和火力需求的提升。该战车的设计风格注重防护，车体高大且装甲强化。在技术上，它与"库尔干人–25"步兵战车共享发动机和无人炮塔等关键部件，确保了高水平的装甲防护和火力性能。此外，"回旋镖"装甲运兵车还借鉴了西方先进的军工设计理念，如模块化生产技术和数字化战场管理系统，提升了自身的整体作战效能。

"回旋镖"装甲运兵车于 2015 年开始在俄罗斯陆军中服役，并逐渐成为俄军装甲部队的重要组成部分，其出色的机动性、防护能力和火力支援能力，使得"回旋镖"装甲运兵车在多次军事演习和冲突中表现出色。

## 基本参数

| | |
|---|---|
| 车长 | 8.805米 |
| 车宽 | 3.187米 |
| 车高 | 3.185米 |
| 战斗全重 | 34吨 |
| 主要武器 | 30毫米2A42型机关炮；9M133M Kor-net–M反坦克导弹 |
| 最大速度 | 100千米/时 |
| 最大行程 | 800千米 |
| 乘员 | 3 (车长、驾驶员与炮手) + 9名步兵 |

## ■ 性能特点

"回旋镖"装甲运兵车整个车体采用了陶瓷复合型装甲，可以抵御小口径武器和爆炸物碎片对车组人员的杀伤。搭载"回旋镖–BM"无人炮塔，可以更换多种主武器，包括30毫米 2A42 型机关炮、9M133 Kornet–M 反坦克导弹，以及 1 挺 7.62 毫米 PKT 同轴机枪，该车还可以选配 AU–220M "Baikal"无人武器站，搭配 BM–57 型火炮以及 2 挺 PKMT 机枪。

▲ "回旋镖"装甲运兵车

相关链接 >>

在"回旋镖"装甲运兵车入列俄军后，俄罗斯国家技术集团也开始积极准备该款战车的外贸出口许可，希望将它推广到国际军火市场上去。俄制产品的性价比较高，对一些中小型国家有很大的吸引力。尤其是还想更换一款外形漂亮的新式装甲车但又苦于军费不足的中东、南美、南亚等地区国家，颜值优秀的"回旋镖"装甲运兵车绝对是一个好选择。

# 2S4 "郁金香"迫击炮

## ■ 简要介绍

2S4 "郁金香"迫击炮是苏联设计制造的一款重型自行迫击炮，因超大的口径和强大的火力而闻名。它采用履带式底盘，搭载了1门240毫米的后膛装填式重型迫击炮，具备强大的火力打击能力。

2S4 "郁金香"迫击炮由乌拉尔运输机械设计制造局于20世纪60年代末开始研发，旨在提升苏联陆军的远程火力支援能力。在研发过程中，设计师们注重提升火炮的射程、威力和精度，同时优化底盘的机动性和防护性能，以确保该炮在复杂战场环境下的作战效能。

该炮于1975年投入苏军服役，并迅速成为苏联陆军的重要装备之一，参与了多次军事冲突和局部战争，包括阿富汗战争、第二次车臣战争等。在战场上，它以其超远的射程和强大的破坏力，对敌方坚固工事和防御阵地构成了巨大威胁。特别是在城市攻坚战中，该炮能够精确打击被建筑设施或特殊防御工事保护起来的点状目标，展现出其独特的作战优势。

### 基本参数

| 长度 | 8.5米 |
|---|---|
| 高度 | 3.2米 |
| 宽度 | 3.2米 |
| 质量 | 30吨 |
| 口径 | 240毫米 |
| 最大射程 | 130千克高爆破片炮弹，最大射程9.65千米；228千克火箭助推高爆破片炮弹，最大射程可达20千米 |
| 乘员 | 5人 |

## ■ 性能特点

2S4 "郁金香"迫击炮底盘选用 GMZ 装甲布雷车，车体由钢板焊接而成，并强化抗弹能力，以防御小口径武器和炮弹破片。该炮采用弹仓方式给弹，由后膛装填，弹仓为鼓形，每个可装20枚各式炮弹，以电动或机械式击发，主要使用高爆破片炮弹和火箭助推高爆破片炮弹两种弹药，另外也可发射战术核子炮弹和化学炮弹，以及其他特殊炮弹。

## 相关链接 >>

　　2S4"郁金香"迫击炮采用了外置式后装迫击炮，是普姆机械制造厂设计的240毫米 M240 式后膛装填式迫击炮。该炮主要使用两种弹药，一种是高爆破片，另一种是 AMR–03F2 火箭增程弹。采用弹仓方式给弹，由后膛装填，每个弹仓可以装备 20 枚各式炮弹，可以电动击发或者机械式击发。

▲ 2S4"郁金香"迫击炮

# 2S5 "风信子" 自行火炮

## ■ 简要介绍

2S5 "风信子" 自行火炮是苏联研制的一款新型自行火炮系统，采用履带式底盘，搭载 1 门高性能火炮，配备先进的火控系统和弹药。该火炮具备高度的机动性和越野能力，能够在复杂地形中迅速部署和转移。此外，该火炮还采用了模块化的设计，可根据不同任务需求进行灵活配置和调整。

2S5 "风信子" 自行火炮的研发始于 20 世纪 70 年代，旨在提升苏联陆军的远程火力打击能力。在研发过程中，设计师们注重提升火炮的性能、精度和可靠性，同时优化底盘的设计和动力系统，以确保其在各种环境下的出色表现。

经过多次试验和改进后，2S5 "风信子" 自行火炮于 1980 年正式定型并投入生产。自服役以来，2S5 "风信子" 自行火炮已成为苏联陆军的重要装备之一，并在多次军事冲突和局部战争中发挥了关键作用。随着技术的不断进步和升级改进，2S5 "风信子" 自行火炮将继续在俄罗斯陆军中发挥重要作用，为维护其国家安全提供有力支持。

| 基本参数 | |
|---|---|
| 长度 | 8.33米 |
| 高度 | 3.25米 |
| 宽度 | 2.76米 |
| 质量 | 28.2吨 |
| 口径 | 152毫米 |
| 最大射程 | 高爆破片炮弹最大射程为28.4千米；火箭助推式炮弹最大射程40千米 |
| 乘员 | 5人 |

## ■ 性能特点

2S5 "风信子" 自行火炮的主炮选用 152 毫米 2A36 型拖曳式榴弹炮的车载衍生版本，无炮身抽气装置，装填弹药时可使用半自动装填系统。接获射击任务、进入待射位置后，会将车尾的大型驻锄插入地面保证射击的稳定性。使用的弹药种类，除高爆破片炮弹外，另有火箭助推式炮弹、化学炮弹、特殊用途炮弹和战术核子炮弹等，亦可发射激光导引炮弹。

▲ 2S5 "风信子"自行火炮

相关链接 >>

2S5 "风信子"自行火炮除部署于苏联陆军和华约国家的陆军外,还少量出售给芬兰陆军。该火炮配备了多种炮弹,有高爆和制导炮弹甚至是核炮弹,射程比早期的 M109 远很多。尽管该火炮是一款老式装备,但在现代战场上仍有一定的应用,其产量达到 2000 多辆,其中俄罗斯装备了 950 辆,白俄罗斯和乌克兰也装备了不少。

# 2S7 "牡丹花" 自行火炮

## ■ 简要介绍

2S7 "牡丹花" 自行火炮是苏联研制并量产过的最大口径自行火炮，以强大的火力和射程远而著称。它装备了203毫米的大口径火炮，具备发射多种弹药的能力，包括常规炮弹、火箭助推式高爆弹以及战术核子炮弹。该火炮强大的火力打击能力，使得其在战场上能够远距离摧毁敌方的坚固工事和防御阵地。

2S7 "牡丹花" 自行火炮的研发始于1967年，旨在提升苏联陆军的远程火力支援能力。在其研发过程中，苏联设计师们对火炮的炮管、弹药系统、火控系统以及底盘进行了全面优化，以确保其在战场上表现出色。

经过多年的研制和测试，该火炮于1975年正式服役。自服役以来，2S7 "牡丹花" 自行火炮在苏联及俄罗斯的军队中发挥了重要作用。虽然苏联已经解体，但该火炮及其改良型仍在部分独联体国家服役，继续为这些国家的国防事业贡献力量。

| 基本参数 | |
|---|---|
| 长度 | 10.5米 |
| 高度 | 3米 |
| 宽度 | 3.38米 |
| 质量 | 46.5吨 |
| 口径 | 203毫米 |
| 最大射程 | 高爆破片炮弹最大射程为37.5千米；火箭助推式炮弹最大射程47千米 |
| 乘员 | 4人 |

## ■ 性能特点:

2S7 "牡丹花" 自行火炮以T-64主战坦克的底盘为基础，采用V-12水冷式柴油发动机，路面最大速度每小时50千米。射击时其底盘后半部会调低姿态，并将车尾驻锄插入地面，以形成稳固的射击载台。主炮采用203毫米2A44型榴弹炮，液压与电动系统驱动，可发射ZOF-43高爆炮弹和火箭助推式高爆弹以及化学炮弹、特殊装药炮弹和战术核子炮弹。

▲ 2S7 "牡丹花" 自行火炮

**相关链接 >>**

　　除了自行火炮版本，在 20 世纪 70 年代末期量产初期，苏联曾计划将 2A44 修改为舰炮，工程代号"牡丹花 –M"，计划配备给现代级导弹驱逐舰。"牡丹花 –M" 舰炮不含弹药质量为 65~70 吨，可携带弹药 75 发，射速为每分钟 1.5 发。但是苏联海军高层对于大口径舰炮运用在构想上没有共识，因此该计划未进入工程开发阶段。

# 2S9 "秋牡丹" 自行迫击炮

## ■ 简要介绍

2S9 "秋牡丹" 自行迫击炮是苏联在 20 世纪 80 年代研制并装备的一款轻型履带式自行迫击炮，以其多功能性和灵活性著称，采用轻型履带装甲底盘，装备了 1 门 120 毫米的 2A60 式单管线膛迫榴炮。该炮既能进行大仰角射击，又能实施间接瞄准射击，甚至能进行直接瞄准射击，转换射击方式十分灵活。

2S9 "秋牡丹" 自行迫击炮的研发始于 20 世纪 70 年代，旨在为空降部队提供一种兼具火力和机动性的支援武器。苏联设计师们通过借鉴和创新，成功地将配备炮尾装填迫击炮的炮塔安装在 BMD 空降战车底盘上，从而解决了自行迫击炮的空降和空投问题。

经过多次试验和改进，该炮于 20 世纪 80 年代初研制成功，并在 1985 年的莫斯科红场阅兵式上首次亮相。自服役以来，2S9 "秋牡丹" 自行迫击炮一直是苏联/俄罗斯空降部队的标准装备之一。其优异的性能和灵活性使得它在多次军事行动和冲突中发挥了重要作用。除了空降部队外，该炮还被部分陆军和海军步兵部队采用。

| 基本参数 | |
|---|---|
| 长度 | 6.02米 |
| 高度 | 2.3米 |
| 宽度 | 2.63米 |
| 质量 | 8.7吨 |
| 口径 | 120毫米 |
| 最大射程 | 高爆炮弹、白磷弹和烟幕弹等弹种最大射程8855米；火箭助推式炮弹最大射程13千米 |
| 乘员 | 4人 |

## ■ 性能特点

2S9 "秋牡丹" 自行迫击炮采用 BMD 空降战车底盘，能较好地解决其空降和空投问题。主要武器是 1 门 120 毫米 2A60 式单管线膛迫榴炮，除了能像传统迫击炮那样大仰角射击外，还能像榴弹炮那样进行间接射击和像加农炮那样进行瞄准射击，可以发射爆破迫击炮弹、照明迫击炮弹、发烟迫击炮弹、燃烧迫击炮弹以及杀伤爆破弹和破甲弹等。

▲ 2S9"秋牡丹"自行迫击炮

**相关链接 >>**

　　2S9"秋牡丹"自行迫击炮作为120毫米级的自行迫击炮，与其同期研制的还有法国和英国的自行迫击炮。法国人研制的是VPX40M式120毫米自行迫击炮，1985年研制成功；英国人研制的是RO120毫米自行迫击炮，1988年研制成功。20世纪90年代以后各国研制的120毫米级的自行迫击炮逐渐增多，因而该炮被誉为"120毫米自行迫击炮的先驱"。

# 2S19 "姆斯塔 –S" 自行榴弹炮

## ■ 简要介绍

2S19 "姆斯塔 –S" 自行榴弹炮是苏联设计并制造的一款先进自行火炮，以苏联姆斯塔河命名。它是一款 152 毫米口径的自行榴弹炮，结合了强大的火力、良好的机动性和一定的防护能力，能够发射常规榴弹、底排弹、火箭增程弹等多种弹药，以满足不同的作战需求。

该炮由乌拉尔运输机械工业设计制造局于 20 世纪 80 年代开始研发，旨在提升苏联陆军的远程火力支援能力。经过数年努力，该炮于 1987 年投产，并于 1989 年正式服役。至今，它仍然是俄罗斯陆军现役的主力火炮之一，充分证明了其设计的成功和耐用性。

在服役期间，2S19 "姆斯塔 –S" 自行榴弹炮参与了多次军事演习和冲突，以其卓越的火力性能和机动性赢得了广泛的赞誉。

| 基本参数 | |
|---|---|
| 长度 | 11.92米 |
| 高度 | 2.98米 |
| 宽度 | 3.58米 |
| 战斗全重 | 42吨 |
| 口径 | 152毫米 |
| 最大射程 | 高爆榴弹最大射程24.7千米；底排榴弹最大射程28.9千米；火箭增程弹最大射程36千米 |
| 乘员 | 5人 |

## ■ 性能特点

2S19 "姆斯塔 –S" 自行榴弹炮采用了 T-80 坦克的底盘，车体前部还配有轻型自动挖壕系统。可发射普通榴弹、反坦克子母弹、底排榴弹、通信干扰弹、"红土地"激光制导炮弹，携弹量 50 发。其炮塔左上侧有潜望镜，右前侧有小型炮长指挥塔，采用全自动装填装置。还装备有射击诸元显示器，并配有瞄准控制系统、弹道修正计算机。

▲ 2S19 "姆斯塔 -S" 自行榴弹炮

相关链接 >>

2S19 "姆斯塔 -S" 自行榴弹炮除装备俄军外，白俄罗斯在苏联时期装备有13 辆，乌克兰有 40 辆。最早订购该榴弹炮的还有埃塞俄比亚，于 1999 年购买了 10 辆。据悉，埃塞俄比亚的一次精确打击导致对战方全面溃败，并误以为是空袭，因为在远距离上听不到火炮射击的声音。

# 2S31 "维娜" 自行迫榴炮

## ■ 简要介绍

2S31 "维娜" 自行迫榴炮是一款 120 毫米自行火炮,以强大的火力和灵活性著称。它采用 BMP-3 步兵战车的底盘,搭载了先进的火控系统和 120 毫米 2A80 式线膛炮,结合了迫击炮和榴弹炮的特点,能够发射多种弹药,包括高爆破片弹、子母弹等,以满足现代战场上的多样化需求。

该火炮的研发始于 20 世纪 80 年代,在研发过程中,设计师们对火炮的炮管、弹药系统、火控系统以及底盘进行了全面优化。经过多次试验和改进,2S31 "维娜" 自行迫榴炮于 20 世纪 90 年代末期研制成功,并在多个国际防务展览会上展出。

2S31 "维娜" 自行迫榴炮于 21 世纪初开始服役于俄罗斯军队,并迅速成为其重要的地面支援武器之一。该炮的服役不仅提升了俄罗斯陆军的远程火力打击能力,还增强了其在复杂地形和多变战场环境下的适应能力。目前,该炮仍在俄罗斯军队中广泛使用,并可能在未来继续接受改进和升级。

| 基本参数 | |
|---|---|
| 长度 | 7米 |
| 高度 | 3米 |
| 宽度 | 3米 |
| 战斗全重 | 19.1吨 |
| 口径 | 120毫米 |
| 最大射程 | 13千米 |
| 乘员 | 4人 |

## ■ 性能特点

2S31 "维娜" 自行迫榴炮具备迫击炮、榴弹炮和加农炮多重弹道,配用榴弹、制导迫击炮弹、火箭增程弹和破甲弹等。其自主化作战程度高,火控系统包括弹道计算机、可见光直瞄和间瞄瞄准镜、IP51 型像增强夜间观瞄镜、自动定位定向装置以及 SN-3700 陆地导航系统。而且 1 门炮可作为一个射击指挥中心,控制其他 6 门火炮实施射击。

**相关链接 >>**

2S31"维娜"自行迫榴炮可以使用中型和重型运输机空运，且该火炮和BMP-3伞兵战车一样具有空投能力，仅仅在落地30秒后即可投入战斗。最特别的是，它不但可以在水中行进，而且还可以在极度不稳定的漂浮状态下进行射击。

▲ 2S31"维娜"自行迫榴炮

# 2S35 "联盟 –SV" 自行榴弹炮

## ■ 简要介绍

2S35 "联盟 –SV" 自行榴弹炮是俄罗斯研制的一款高度自动化和智能化的 152 毫米自行火炮，安装了先进的火炮系统、无人炮塔和自动化装填机构，具有高射速、远射程和精确打击的特点。它采用履带式底盘，具备良好的机动性和越野能力，能够在各种复杂地形中迅速部署和转移火力。

该炮的研发始于 2006 年左右，最初以双联装炮管设计亮相，但为了提高可靠性和降低复杂性，最终采用了更为常规的自行火炮结构。经过多年的研制和测试，2S35 "联盟 –SV" 在 2015 年莫斯科胜利日阅兵式上首次公开亮相，并于 2016 年开始量产。

自量产以来，2S35 "联盟 –SV" 自行榴弹炮已逐步装备俄罗斯陆军，并在多次军事演习和冲突中展示了卓越的性能。该炮不仅提升了俄罗斯陆军的远程火力支援能力，还增强了其在现代战争中的精确打击和快速反应能力。此外，俄罗斯还计划将该炮的衍生型号安装至其他平台，以进一步拓展其应用范围。

| 基本参数 | |
| --- | --- |
| 质量 | 50~55吨 |
| 主要武器 | 152毫米榴弹炮 |
| 最大射程 | 70千米 |
| 最大速度 | 60千米/时 |
| 最大行程 | 500千米 |
| 乘员 | 2人 |

## ■ 性能特点

2S35 "联盟 –SV" 自行榴弹炮的主炮是 1 门 52 倍 152 毫米口径线膛榴弹炮，采用全自动装填系统，利用微波系统点火的模块化发射装药，使用气压动力装弹，其火炮能在任何方向角和仰角下以最大射速瞄准开火。此外，它还能自动选择必要的遥控模式，实现车载弹药装载过程的自动化。

相关链接 >>

2S35"联盟-SV"自行榴弹炮的不足之处在于其初期生产的底盘并非专为自行火炮设计，而是基于T-90坦克底盘改造，这在一定程度上影响了它的稳定性和机动性。虽然它具备高射速和远射程，但复杂的自动化结构需要较高的维护成本和技术难度。

▲ 2S35"联盟-SV"自行榴弹炮

# 2S25"章鱼-SD"自行反坦克炮

## ■ 简要介绍

2S25"章鱼-SD"自行反坦克炮是俄罗斯研制并生产的一款轻型两栖反坦克炮，以其高机动性和强大的火力而著称。它基于BMD-3步兵战车底盘设计，装备了1门125毫米的2A75式滑膛炮，并配有先进的火控系统和防护装甲。

2S25"章鱼-SD"自行反坦克炮的研发始于20世纪90年代初，由俄罗斯的伏尔加格勒拖拉机厂联合股份公司负责。在研发过程中，为了将庞大的主炮安装到轻盈的BMD-3底盘上，设计师们创新性地研发了新的后坐力装置和退弹机，并采用了铝合金炮塔以减轻重量。然而，由于经费紧张，该项目的研发在2011年曾一度中止，直到2016年才恢复。

目前，2S25"章鱼-SD"自行反坦克炮已正式服役于俄罗斯空降军，并以其卓越的性能在多次军事演习和冲突中发挥了重要作用。虽未被陆军大规模采用，但常与陆军特种部队一起部署。其主要任务是利用其高机动性和强大火力摧毁敌方装甲目标和坚固防御工事。此外，韩国和印度等国也对其表示出浓厚兴趣。

| 基本参数 | |
|---|---|
| 长度 | 9.77米 |
| 高度 | 2.72米 |
| 宽度 | 3.15米 |
| 质量 | 18吨 |
| 口径 | 125毫米 |
| 最大速度 | 70千米/时 |
| 最大行程 | 公路：500千米；越野：250千米；水上：100千米 |
| 乘员 | 3人 |

## ■ 性能特点

2S25"章鱼-SD"自行反坦克炮被设计以空降、两栖登陆或是随陆军特种部队部署的方式，来摧毁敌方坦克、坚固的器材设备以及步兵。它的主要武器为1门125毫米2A75式滑膛炮，能够发射尾翼稳定脱壳穿甲弹、破片高爆弹、反坦克高爆弹以及反坦克导弹。如此独特的设计组合使该炮拥有与主战坦克相当的火力，但却与空降步兵坦克一样灵活敏捷。

▲ 2S25 "章鱼 -SD" 自行反坦克炮

### 相关链接 >>

2S25M "章鱼 –SDM1" 自行反坦克炮作为 2S25 "章鱼 –SD" 自行反坦克炮的衍生型号，主要进行了信息化的升级改造，从外表看不出太多端倪。其中的一个重要改造就是对其火控系统进行升级，能够发射最新的炮射导弹（如9M119M1 "殷钢 –M" 反坦克导弹），并且增加了可用弹药的种类，大大提升了武器系统的作战能力。

# ZSU-23-4 "石勒喀河"自行高射炮

## ■ 简要介绍

ZSU-23-4 "石勒喀河"自行高射炮是苏联于 20 世纪 60 年代开发的第二代自行高炮，被誉为当时"世界上最优秀的自行防空武器"。该炮主要用于伴随坦克团、摩托化步兵团在行进间超低空防空，取代了第一代采用光学瞄准、人力操控的 ZSU-57-2 自行高射炮。

随着防空导弹技术的成熟，作战飞机转入低空突防，苏联迫切需要一款性能优良的自行高射炮。ZSU-23-4 "石勒喀河"自行高射炮应运而生，其研发旨在提高野战防空能力，应对北约及其他潜在敌国的空中威胁。

ZSU-23-4 "石勒喀河"自行高射炮自 20 世纪 60 年代开始在苏军服役，并迅速装备其他华约等近 20 个国家。其总产量超过 6500 辆，是世界上生产数量最多的自行高射炮之一。至今，该炮仍在一些国家的军队中服役，并在多次冲突中展现出强大的防空能力。

| 基本参数 | |
|---|---|
| 长度 | 6.54米 |
| 高度 | 2.63米 |
| 宽度 | 3.08米 |
| 质量 | 20.5吨 |
| 主要武器 | 4门23毫米口径机关炮 |
| 最大射高 | 5.1千米 |
| 最大射程 | 7千米 |
| 乘员 | 4人 |

## ■ 性能特点

ZSU-23-4 "石勒喀河"自行高射炮的底盘来自 PT-76 两栖坦克，但由于车重增加和已拆除水中推进装置，故而不能在水上行驶。它装有 RPK-2 对空雷达，能完成搜索、识别、跟踪和测距等任务，和此雷达匹配的是 1 台火控计算机，构成电子射控系统。武器主要有 4 门 23 毫米口径机关炮，由油压推动和稳定，可发射曳光爆破燃烧弹、曳光穿甲燃烧弹等。

▲ ZSU-23-4 "石勒喀河"自行高射炮

**相关链接 >>**

　　1967年，ZSU-23-4"石勒喀河"自行高射炮首次投入第三次中东战争实战，总共击落了31架以色列空军战机。1973年，第四次中东战争中，以色列虏获了一批ZSU-23-4"石勒喀河"自行高射炮并送往美国做研究，后来美国军方规定所有军用飞机和军用直升机都至少要抵挡得住ZSU-23-4"石勒喀河"自行高射炮的炮弹攻击。

# BM-21 "冰雹" 火箭炮

## ■ 简要介绍

BM-21 "冰雹" 火箭炮是苏联在 20 世纪 60 年代研制的一款 122 毫米 40 管自行火箭炮,以强大的火力和快速部署能力而闻名。该炮装备了 40 根 122 毫米口径的发射管,能够迅速发射大量火箭弹,对敌方目标实施猛烈打击。其绰号 "冰雹" 形象地描绘了火力之猛烈。

BM-21 "冰雹" 火箭炮的研发始于 20 世纪 60 年代,是苏联为了增强地面部队的火力支援能力而开发的。该炮在设计和制造过程中注重提高射速、射程和火力密度,以满足现代战争的需求。

经过多年努力,BM-21 "冰雹" 火箭炮终于在 1963 年开始装备苏联陆军炮兵部队,并迅速成为苏联及其盟国军队的重要装备之一。自服役以来,BM-21 "冰雹" 火箭炮在多次局部战争和冲突中发挥了重要作用。其高射速和密集的火力能够对敌方阵地、装甲集群和步兵部队造成重创。此外,该炮还具备较强的机动性和越野能力,能够在各种复杂地形中迅速部署和转移火力。

| 基本参数 | |
|---|---|
| 长度 | 7.35米 |
| 高度 | 3.05米 |
| 宽度 | 3.05米 |
| 质量 | 11.5吨 |
| 口径 | 122毫米 |
| 管数 | 40管 |
| 齐射时间 | 38秒 |
| 单发发射间隔 | 3秒 |
| 最大射程 | 20.38千米 |
| 最大速度 | 75千米/时 |
| 最大行程 | 850千米 |
| 操作人数 | 6人 |

## ■ 性能特点

BM-21 "冰雹" 火箭炮采用乌拉尔卡车底盘,战斗全重 11.5 吨,正常载重 8.4 吨,实心车轴,板弹簧,后轮装于平衡底盘上,动力系统为吉尔 –375YA V8 汽油发动机。配备共计 40 根火箭发射管,可装填 9M22 杀伤爆破火箭弹,还能够使用 9M23 爆破 – 化学弹、9M22S 引燃式火箭弹、9M42 照明火箭弹和 9M43 烟雾火箭弹,以及布雷弹、无线电干扰弹等多个弹种。

相关链接 >>

　　BM-21"冰雹"火箭炮以巨大威力而著称，拥有40根发射管，可迅速发射122毫米火箭弹。其射速快、火力密集，覆盖范围广，能对敌方阵地、集结部队和防御工事造成重大破坏。在战场上，其强大的火力支援能力可为地面部队提供有效掩护，是战场上不可小觑的火力武器。

▲ BM-21"冰雹"火箭炮

# BM-30 "龙卷风"火箭炮

## 简要介绍

BM-30 "龙卷风" 火箭炮制式代号为 9K58，北约称之为 M1983 型，是苏联研制的第三代火箭炮系统。它采用 12 管 300 毫米口径的发射装置，能够一次齐射 12 枚火箭弹，被誉为苏联 / 俄罗斯的最大口径火箭炮，具有射程远、精度高、威力大等特点。

该火箭炮的研发由位于图拉市的合金精密仪表设计局负责。研发过程中，科研人员对火箭炮的炮管、发射装置、弹药系统等多个方面进行了全面优化，以确保其具备出色的性能。经过多年的努力，BM-30 "龙卷风" 火箭炮于 1987 年正式装备苏军，并迅速成为苏联 / 俄罗斯军队中的重要装备之一。

自服役以来，BM-30 "龙卷风" 火箭炮在多次军事演习和冲突中展现了强大的火力支援能力。它能够迅速部署到战场前沿，对敌方战术导弹阵地、陆航集结地、炮兵和摩托化营团阵地等目标实施精确打击。此外，该炮还具备较强的机动性和越野能力，能够在各种复杂地形中灵活作战。

| 基本参数 | |
|---|---|
| 长度 | 12.4米 |
| 高度 | 3.05米 |
| 宽度 | 3.05米 |
| 质量 | 43.7吨 |
| 口径 | 300毫米 |
| 管数 | 12管 |
| 齐射时间 | 38秒 |
| 单发发射间隔 | 3秒 |
| 最大射程 | 90千米 |
| 最大速度 | 60千米/时 |
| 最大行程 | 850千米 |

## 性能特点

BM-30 "龙卷风" 火箭炮系统的 12 根发射管分为上、中、下 3 层配置，1 门火箭炮一次齐射可抛出 864 枚子弹，杀伤面积极大。它除杀伤母弹战斗部之外，还可以使用燃烧子母弹战斗部、反坦克子母雷战斗部、燃料空气炸药战斗部，可执行多种任务。采用简易控制自动修正系统，可通过调整飞行姿态、自动修正弹道来提高射击精度。

▲ BM-30"龙卷风"火箭炮

相关链接 >>

为了能够及时支援战场，最大限度发挥出火箭炮的威力，BM-30"龙卷风"火箭炮的指挥车装备有 2 台高频电台，通信距离达到了 350 千米，在车辆移动的情况下依然能够与 50 千米外的友军保持联络。在发射时，弹药车和发射车相互对接，3 名装填手可在 20 分钟内完成 12 枚火箭弹的装填，且不需 1 分钟就能发射出所有火箭弹。

# 9K515 "龙卷风 –S" 火箭炮

## ■ 简要介绍

9K515 "龙卷风 –S" 火箭炮是俄罗斯在21世纪初研制的一款现代化多管火箭炮，采用先进的模块化设计，能够发射多种类型的火箭弹，包括高爆破片弹、子母弹和精确制导火箭弹等。其发射装置配备了自动装填系统，大大提高了射击速度和持续作战能力。

该火箭炮的研发是俄罗斯军事工业在继承"龙卷风"系列火箭炮技术基础上的一次重大创新。研发过程中，科研人员注重提高火箭炮的射程、精度和火力密度，同时增强了其机动性和生存能力。经过多轮试验和改进，该火箭炮于2020年正式装备俄军。

自服役以来，9K515 "龙卷风 –S" 火箭炮在多次军事演习中表现出色，其强大的火力和精确的打击能力得到了广泛赞誉。该火箭炮已成为俄军地面部队的重要火力支援装备之一，能够在各种复杂战场环境下发挥重要作用。未来，该火箭炮还将继续接受改进和升级，以应对不断变化的战场需求。

| 基本参数 | |
|---|---|
| 长度 | 12.37米 |
| 高度 | 3.1米 |
| 宽度 | 3.1米 |
| 口径 | 300毫米 |
| 管数 | 12管 |
| 最大射程 | 120千米 |
| 最大速度 | 60千米/时 |
| 最大行程 | 850千米 |
| 操作人数 | 3人 |

## ■ 性能特点

9K515 "龙卷风 –S" 火箭炮最大的亮点就是模块化的武器搭载，既可以搭载老式"龙卷风" 300毫米火箭弹，也可以搭载BM27型火箭弹。它采用了俄罗斯高度自动化的格洛纳斯卫星导航系统和新的9M542火箭弹。同早期型号相比，9K515 "龙卷风 –S" 火箭炮能为每枚火箭弹提供单独的数据，射程也达到了120千米，12根发射管的火力覆盖面积超过0.6平方千米。

▲ 9K515"龙卷风-S"火箭炮

**相关链接 >>**

和俄罗斯宣布的"先锋"导弹、"匕首"导弹以及"波塞冬"核鱼雷相比，9K515"龙卷风-S"火箭炮让人感觉不是什么"惊人"的先进武器。但是这款火箭炮却是比较有威力的武器，一次齐射可以杀伤多个目标，在发射后，每枚火箭弹将击中自己的目标，而且在发射后火箭弹具有弹道修正能力。

# TOS-1 "布拉提诺"自行火箭炮

## ■ 简要介绍

　　TOS-1"布拉提诺"自行火箭炮是苏联在20世纪70年代末期研制的一款重型远程多管火箭炮，以其强大的火力和配备的独特的燃烧弹、温压弹头而著称。它以T-72坦克底盘为基础，安装了多管火箭发射装置，主要用于进攻军队、设施及建筑物、防御工事等。

　　TOS-1"布拉提诺"自行火箭炮的研发由苏联鄂木斯克运输工程设计局和负责车载设备的NIIFP物理问题研究所共同研发，该火箭炮系统于1980年成功通过国家测试，并被苏联军队采用。其设计初衷是应对现代战争中的复杂战场环境，为本国军队提供强大的火力支援。

　　TOS-1"布拉提诺"自行火箭炮自服役以来，参与了多次军事行动。在实战中，该炮展现出了强大的火力和独特的作战效能，能够迅速摧毁敌方阵地和设施。此外，该炮还经过了多次改进和升级，如在射程和弹道计算机等方面进行了优化。目前，该炮及其改进型仍在俄罗斯等国家的军队中服役。

| 基本参数 | |
|---|---|
| 长度 | 9.5米 |
| 高度 | 2.22米 |
| 宽度 | 3.6米 |
| 质量 | 45.3吨 |
| 口径 | 220毫米 |
| 管数 | 24管 |
| 射速 | 2发/秒 |
| 有效射程 | 6千米 |
| 操作人数 | 3人 |

## ■ 性能特点

　　TOS-1"布拉提诺"自行火箭炮采用T-72主战坦克底盘，TZM装填车装配有1台重机以用于对发射车的再装填。发射车安装一套由弹道计算机、瞄准具以及1D14激光测距仪组成的火控系统。其他标准配置还包括车长TKN-3A视具、GPK-59导航系统、R-163-50U电台以及902G四发烟幕弹发射器。3名车组成员装备1把AKS-74、3把RPG-26以及10枚F-1手雷。

TOS-1 "布拉提诺" 自行火箭炮拥有 45.3 吨的质量和每小时 60 千米的最高时速。其发射出去的燃烧弹或温压弹能够导致内部燃料瞬间发生爆炸，让所到之处陷入火海之中，尤其是其中含有的铝镁成分显著增强了整体的爆炸效果。值得注意的是，爆炸事发地点的氧气会被充分燃烧，因此对敌军具有极为强大的打击力。

▲ TOS-1 "布拉提诺" 自行火箭炮

# GAZ 猛虎车

## ■ 简要介绍

GAZ 猛虎车是俄罗斯研制并装备的一款高机动性、多用途轮式装甲车，其设计初衷是对标美军的高机动性、多用途轮式车辆"悍马"。该车型具有出色的越野能力和防护性能，可搭载多名全副武装的士兵，并用于执行多种军事任务。

GAZ 猛虎车的研发始于 21 世纪初，该车型在研发过程中注重提升车辆的机动性、防护性和火力支援能力。通过不断优化设计和改进生产工艺，GAZ 猛虎车逐渐形成了其独特的性能特点。在研发过程中，高尔基汽车厂发挥了重要作用，提供了必要的技术支持和生产经验。

GAZ 猛虎车于 2006 年底正式入役俄罗斯军队，并开始在俄罗斯特种警察部队和其他军事单位中广泛使用。该车型在服役过程中展现了优异的性能和可靠的品质，成为俄罗斯军队中的重要装备之一。此外，GAZ 猛虎车还出口到多个国家，并在国际市场上获得了良好的口碑。在服役期间，GAZ 猛虎车经历了多次改进和升级，以满足不同军事任务的需求。

| 基本参数 | |
|---|---|
| 车长 | 5.7米 |
| 车宽 | 2.5米 |
| 车高 | 2.5米 |
| 战斗全重 | 7.2吨 |
| 最大速度 | 140千米/时 |
| 最大行程 | 1000千米 |
| 乘员 | 10人 |

## ■ 性能特点

GAZ 猛虎车的车体由厚度为 5 毫米、经过热处理的防弹装甲板制成，可有效抵御轻武器和爆炸装置的攻击。车顶部也设置了两个舱盖，开有一个大尺寸圆形舱门，在舱门四周设有环形枪架，可同时安装 1 门 30 毫米自动榴弹发射器和 1 挺 7.62 毫米通用机枪；车体两侧开有射击孔，可用于对外观测和射击。

相关链接 >>

　　GAZ 猛虎车拥有不同的改型车，可以充当警用车、特种攻击车、反坦克导弹发射车以及通信指挥车。由于针对性不同，所以分为两种型号：一种是警用型，另一种是加厚装甲型。除俄罗斯军方广泛采用外，GAZ 猛虎车还出口到委内瑞拉、约旦、以色列等国，甚至美国也采购了一些。

▲ GAZ 猛虎车

# K-4386 "台风" VDV 型防地雷反伏击车

## ■ 简要介绍

K-4386 "台风" VDV 型防地雷反伏击车是俄罗斯专为空降兵部队设计的一款轻型可空投式装甲车，它具备高机动性、强防护能力和模块化武器系统等特点，并配备了先进的火力单元，以应对各种战场威胁。

K-4386 "台风" VDV 型防地雷反伏击车的研发始于 2015 年，由俄罗斯卡玛兹汽车集团公司负责。为了满足俄空降兵部队对轻型可空投式防地雷反伏击车的需求，卡玛兹汽车集团公司基于 KAMAZ-53949 型 4×4 轻型防雷车进行了有针对性的设计。新车车体更加低矮紧凑，确保能够装进伊尔 –76 运输机货舱中进行空投。

经过一系列测试和改进后，该伏击车已成为俄空降兵部队的重要装备之一。它凭借优异的性能在多次军事演习和实战中表现出色，为俄空降兵部队提供了强大的火力支援和防护能力。同时，它还具备多任务执行能力，可承担侦察、火力支援、反狙击作战以及物资运输和医疗卫生等多种任务，成为俄空降兵部队中的"多面手"。在某种特定情况下，陆军也会临时使用这种车辆。

| 基本参数 | |
|---|---|
| 车长 | 6 米 |
| 车宽 | 2.54 米 |
| 车高 | 2.4 米 |
| 战斗全重 | 13.5 吨 |
| 最大速度 | 130 千米 / 时 |
| 最大行程 | 1200 千米 |
| 乘员 | 8 人 |

## ■ 性能特点

K-4386 "台风" VDV 型防地雷反伏击车拥有坚固的车体结构和较高的装甲防护水平，车体紧凑，便于伞降作业，车顶可加装火力单元，如 2A42 型 30 毫米机关炮、PKTM 7.62 毫米机枪和烟幕弹发射筒。采用 "V" 形防雷装甲底盘，可有效抵御地雷或爆炸物的攻击，并且车体加装附加装甲，能够抵御 14.5 毫米重机枪穿甲弹的打击。

相关链接 >>

K-4386 "台风" VDV 型防地雷反伏击车还可加装一系列多任务支持系统和工具，拓展作战范围，该车能够在海拔 4500 米地域环境下作战。轮胎也是它的一大特点：使用钢丝加强的军用防漏气轮胎，哪怕轮胎被子弹击穿，仍可以每小时 50 千米的速度迅速前进。

▲ K-4386 "台风" VDV 型防地雷反伏击车

# 萨姆 -8 "壁虎" 防空导弹系统

## ■ 简要介绍

萨姆 -8 "壁虎" 防空导弹系统是苏联研制的一款陆上机动近程低空、全天候地对空导弹武器系统，以其高度的机动性和有效的低空防御能力著称，是苏联 / 俄罗斯军队的重要防空装备之一。该系统采用自行式载车，具备在各种地形上的机动能力，适用于野战防空和快速反应作战。

萨姆 -8 "壁虎" 防空导弹系统的研发始于 20 世纪 70 年代，当时苏联为了应对美国等西方国家在低空防御领域的挑战，决定研制一款新型近程防空导弹系统。该系统在设计和制造过程中，充分借鉴了当时其他国家的先进技术，并进行了多项创新和改进。

经过多年的努力和多次测试，萨姆 -8 "壁虎" 防空导弹系统于 1974 年正式装备苏联军队。服役以来，一直是苏联及俄罗斯军队的重要防空装备之一，在多次军事冲突和演习中，都展现了卓越的防空能力和高度的可靠性。随着技术的不断进步和作战需求的变化，该导弹系统也经历了多次改进和升级。例如，现代化的萨姆 -8B 就是其升级版之一，具备更远的射程和更高的射高，以及更强的抗干扰能力。

| 基本参数 | |
| --- | --- |
| 发射车长度 | 9.1米 |
| 发射车宽度 | 2.78米 |
| 发射车高度 | 5.2米 |
| 最大射高 | 6千米 |
| 最大射程 | 12千米 |
| 最大速度 | 2450千米 / 时 |

## ■ 性能特点

萨姆 -8 "壁虎" 防空导弹系统是世界上较为先进的一款防低空目标的导弹，其主要特点是：机动性强，采用自行式载车，最大行军速度快；低空最小射高仅为 25 米，作战空域扩大；采用固体火箭发动机、高比冲推进剂和固态电子器件，使得整个系统可装在一辆车上；抗干扰性能好，单发命中率高。

**相关链接 >>**

今天的萨姆-8"壁虎"防空导弹
系统已经经历了现代化改造，增强了在
电子干扰和反雷达导弹环境下的作战能力。
这些改造旨在提高其打击各种类型目标的
效率。该导弹系统被部署在多个战区和
其他冲突地区。

▲ 萨姆-8"壁虎"防空导弹系统

# 9K35"箭-10"防空导弹系统

## ■ 简要介绍

9K35"箭-10"防空导弹系统是一款由俄罗斯研制的先进中近程地空导弹系统,具备全天候作战能力和抗干扰性强的特点,具有高度的机动性和快速反应能力。

随着现代战争的发展,对地对空导弹系统的要求日益提高,需要一款能够应对多种空中威胁、具备较高机动性的新型导弹系统。俄罗斯经过一系列研发和测试,最终形成了成熟的9K35"箭-10"防空导弹系统,该系统采用了先进的制导技术和精确的打击算法,大大提高了拦截成功率。

该系统自研发成功后即开始陆续装备俄罗斯军队,并逐渐在全球范围内推广应用。在多次实战演练和测试中,9K35"箭-10"防空导弹系统表现出了出色的稳定性和打击精度,得到了广泛好评。未来,随着技术的不断发展和战场需求的变化,相信9K35"箭-10"防空导弹系统将不断优化升级,以更好地适应现代战场的挑战。

| 基本参数 | |
|---|---|
| 发射车长度 | 约6.5米 |
| 发射车宽度 | 约2.35米 |
| 发射车高度 | 约2.5米 |
| 最大射高 | 3.5千米 |
| 最大射程 | 5千米 |
| 最大速度 | 2448千米/时 |

## ■ 性能特点

9K35"箭-10"防空导弹系统采用的全程被动红外寻制导,导引头灵敏度高,抗人为和背景干扰能力较强,具有发射后闭管能力;发射车车体低矮,乘员不易遭武器袭击;采用四联箱式发射,除待射弹外,还有4枚备用弹,火力强大;自动化程度高,整个系统只需1个人操作,射手可实施短停顿射击。

▲ 9K35"箭-10"防空导弹系统

**相关链接 >>**

9K35"箭-10"防空导弹系统具有
3种改进型号：第一种为9K37M"箭-
10M"型的9E47M导引头，1979年初始装备。
第二种是改进型"箭-10M2"，主要改进的
是更有效的自动驾驶系统，从1981年起
部署在9A35M2底盘上。冷战期间最后
一种改进型是1989年安装在9A35M3
底盘上的"箭-10M3"，这种改进
型使用9M333导弹，它使用了独
特的9E425三通道导引头。

# 9K37 "山毛榉" 防空导弹系统

## ■ 简要介绍

9K37"山毛榉"防空导弹系统是俄罗斯研制的一款先进中远程地空导弹系统，具备全天候作战能力和强大的抗干扰能力，专门用于拦截各类空中目标，如飞机、直升机、无人机等潜在威胁，为部队提供关键的防空保护。

随着现代空战的发展，俄军对地对空导弹系统的性能和机动性要求日益提高，需要一款能够应对多种空中威胁的新型导弹系统。经过深入研发和多次测试，最终成功开发出9K37"山毛榉"防空导弹系统。该系统采用了先进的制导技术和精确的打击算法，大大提高了导弹拦截成功率，有效增强了部队的防空能力。

该系统自开发成功后即开始装备俄罗斯军队，并逐渐在全球范围内推广应用，成为国际军贸市场上的热门选择之一。在实战演练和测试中，该导弹系统表现出了出色的稳定性和打击精度，得到了广泛好评和高度认可。

| 基本参数 | |
|---|---|
| 发射车长度 | 7~12米 |
| 发射车宽度 | 3米 |
| 发射车高度 | 2~4米 |
| 最大射高 | 14千米 |
| 最大射程 | 430千米 |
| 最大速度 | 4428千米/时 |

## ■ 性能特点

9K37"山毛榉"防空导弹系统是一款中低空、中近程机动式防空导弹系统。攻击时导弹先快速爬升，再俯冲瞄准目标。该导弹系统进入战斗状态需要5分钟，从目标跟踪到发射导弹需要22秒。它采用"雪堆"搜索雷达和"火罩"H/I波段跟踪制导雷达等，最大工作距离达30千米。改进型"山毛榉"更将目标通道的数量提高了好几倍，因而可对抗大规模现代武器的空中袭击和导弹攻击。

**相关链接 >>**

　　2006 年，俄罗斯又公布了"山毛榉"-M2 的现代版"山毛榉"-M3。2017 年 12 月 4 日，俄罗斯西部军区驻扎在库尔斯克州的联合武装部队第 53 防空导弹旅开始接收这种新型防空导弹系统，据称该系统采用了先进的电子部件和杀伤力更强的新型 9M317M 导弹。

▲ 9K37 "山毛榉"防空导弹系统

# "道尔-M1"野战防空导弹系统

## ■ 简要介绍

"道尔-M1"野战防空导弹系统是俄罗斯研制的一款先进近程防空导弹系统，以其高度的机动性、全天候作战能力和强大的火力打击能力著称，是俄罗斯军队及国际军贸市场上备受瞩目的防空装备之一。该系统集成了搜索雷达、跟踪雷达、导弹发射装置和火控系统等关键部件，能够迅速发现并有效拦截来袭的各类空中目标，包括低空飞行的飞机、直升机、无人机以及巡航导弹等。

"道尔-M1"野战防空导弹系统是在前代"道尔"系列防空导弹系统基础上进行的全面升级和改进的。研发过程中，俄罗斯科研人员攻克了多项技术难题，包括提高导弹的飞行速度、增强抗干扰能力、优化火控系统等。

"道尔-M1"野战防空导弹系统自研发成功后即开始装备俄罗斯军队，并迅速成为其野战防空力量的重要组成部分。在多次军事演习和实战中，该导弹系统表现出了出色的性能，成功拦截了多种类型的空中目标，为俄罗斯军队提供了坚实的防空保障。

| 基本参数 | |
|---|---|
| 发射车长度 | 7.5米 |
| 发射车宽度 | 3.3米 |
| 发射车高度 | 5.1米 |
| 最大射高 | 6千米 |
| 最大射程 | 12千米 |
| 最大速度 | 3430千米/时 |

## ■ 性能特点

"道尔-M1"野战防空导弹系统是世界上同类地空导弹系统中唯一采用三坐标搜寻雷达，并具有垂直发射和同时攻击2个目标能力的先进近程防空导弹系统。整个系统包括1部三坐标脉冲多普勒搜寻雷达、1部脉冲多普勒跟踪雷达、1部电视跟踪瞄准设备和8枚9M331导弹，均整合安装在1辆由GM-569改装的中型履带装甲运输车上。

**相关链接 >>**

　　"道尔-M1"野战防空导弹系统的9M331导弹采用单室双推力发动机,在飞行初段4秒钟以内其最大飞行速度虽然仅为每秒850米,但其发动机续航时间可达12秒,所以,其主动飞行距离可达10千米,可拦截飞行速度每秒700米、机动过载达10个重力加速度的来袭目标,其拦截范围最远可达12千米。

▲ "道尔-M1"野战防空导弹系统

# "铠甲-S1"弹炮合一防空系统

## 简要介绍

"铠甲-S1"弹炮合一防空系统是由俄罗斯图拉仪器制造设计局研制的一款先进防御系统，旨在应对现代高精度武器的威胁。该系统自1994年开始研发，经过多次改进和完善，于2012年开始列装俄罗斯军队，并在2015年俄罗斯纪念卫国战争胜利70周年庆典上亮相。

"铠甲-S1"弹炮合一防空系统集成了导弹和火炮的优势，通过炮塔、高炮、地空导弹、发射筒、搜索雷达、跟踪雷达和光电火控系统的有机结合，实现了对空防御的无死角全覆盖。该系统能够同时拦截多个不同类型的目标，包括战机、无人机、直升机以及反辐射导弹等，有效提升了部队的防空能力。

在服役过程中，该防空系统凭借其优异的性能和灵活的机动性，在多次实战中表现出色，成功拦截了多架无人机和多枚导弹的袭击。同时，该系统也受到了国际军贸市场的广泛关注，并成功出口到多个国家，成为俄罗斯军工产品的重要代表之一。

| 基本参数 | |
|---|---|
| 发射车长度 | 10.5米 |
| 发射车宽度 | 2.6米 |
| 发射车高度 | 2.8米 |
| 最大射高 | 15千米 |
| 最大射程 | 30千米 |
| 最大速度 | 4680千米/时 |

## 性能特点

"铠甲-S1"弹炮合一防空系统可装备12枚射程为20千米的地空导弹和2门30毫米的自动火炮，可以同时发现并跟踪20个目标，既可在固定状态下，也可在行进中对其中4个目标实施打击。除敌方巡航导弹、反辐射导弹、制导炸弹、各种有人和无人机外，还可打击地面和水中轻装甲目标及有生力量，还能自动选择使用导弹还是高炮摧毁目标。

相关链接 >>

随着科技的不断进步，"铠甲-S1"弹炮合一防空系统将更加智能化，能够更准确地识别、追踪和消灭来袭目标。同时，该系统有望与其他武器系统进行联网，实现更高效的指挥与配合，形成更加完善的防空网。随着人工智能技术的发展，该防空系统将具备更强的自主决策能力，能够根据不同情况做出灵活的战术部署。

▲ "铠甲-S1"弹炮合一防空系统

# S-300/400 防空导弹系统

## ■ 简要介绍

　　S-300 防空导弹系统是苏联 / 俄罗斯研发的一款第三代防空导弹系统，包括 S-300P、S-300V 和 S-300F 等多种型号。该系统以拦截低空喷气式进攻性空袭兵器、战术弹道导弹及飞机等为主要任务。该系统由"金刚石"中央海事设计局和安泰研制与生产联合体于 1965 年开始研制，最初型号于 1977 年装备，1981 年正式服役。自服役以来，广泛装备于苏联 / 俄罗斯的军队中，并出口至多个国家。

　　S-400 防空导弹系统是 S-300 系统的进一步发展，具备更远的射程、更高的射高和更强的抗干扰能力，能够同时拦截多个不同类型的空中目标。该系统的研发始于 20 世纪 80 年代末，经过多年努力，于 1999 年正式亮相，并开始逐步列装俄罗斯军队，迅速成为俄罗斯军队防空力量的核心装备，也受到了国际军贸市场的广泛关注。

▲ S-300 防空导弹系统

| 基本参数（S-400） | |
|---|---|
| 发射车长度 | 12.4 米 |
| 发射车宽度 | 3.1 米 |
| 发射车高度 | 3.1 米 |
| 最大射高 | 30 千米 |
| 最大射程 | 400 千米 |
| 最大速度 | 12250 千米 / 时 |

## ■ 性能特点

　　S-300/400 防空导弹系统首次采用了 3 种新型导弹和机动目标搜索系统，可以对付各种作战飞机、空中预警机、战役战术导弹及其他精确制导武器，既能担负传统的空中防御任务，又能执行非战略性的导弹防御任务。S-400 防空导弹系统可采用新型的、性能强劲的 40N6 远程导弹，以垂直于地面发射，导弹升空后才按照导航信号定向飞行，因此具备空中锁定目标的能力。

▲ S-400 防空导弹系统

**相关链接 >>**

苏联陆军火箭炮兵总部下属的第三研究所于 1963 年首次完成了陆军防空体系的系统总体论证报告，认为地空导弹是对付弹道导弹的一种有效手段，但必须研制反战术弹道导弹与反巡航导弹通用、反导弹与反飞机通用的野战地空导弹武器系统。这是对过去反飞机专用型地空导弹传统概念的重大挑战，也是 S-300/400 防空导弹系统诞生的缘由。

# 俄罗斯战略火箭军

俄罗斯战略火箭军作为俄罗斯军队中的核心战略力量，其现役装备了一系列重要武器，这些武器为其国家安全提供了坚实的保障。

其中，最为引人注目的当数洲际弹道导弹。俄罗斯现役的洲际弹道导弹包括"白杨 –M"、RS–24"亚尔斯"以及被誉为"核弹之王"的 RS–28"萨尔马特"。这些导弹不仅射程远、威力大，还具有高度的机动性和突防能力，使得俄罗斯能够对全球范围内的任何目标进行精确打击。

"白杨 –M"洲际弹道导弹以强大的机动性著称，能够在无地基条件下发射，大大增加了其生存能力。RS–24"亚尔斯"洲际弹道导弹则以多弹头技术和先进的防护系统闻名，能够同时打击多个目标，且难以被敌方反导系统拦截。而 RS–28"萨尔马特"洲际弹道导弹更是将俄罗斯的洲际导弹技术推向了新的高度，被誉为"世界上最强大的洲际弹道导弹"。

此外，俄罗斯战略火箭军还装备了潜射弹道导弹和巡航导弹等多种战略武器，这些武器与洲际弹道导弹共同构成了俄罗斯强大的战略威慑体系。这些武器的存在，使得俄罗斯能够在任何情况下迅速反应，对敌方的任何威胁进行反击。

# 9K720 "伊斯坎德尔" 导弹

## 简要介绍

9K720 "伊斯坎德尔" 导弹是苏联 / 俄罗斯研发的一款先进短程弹道导弹，它采用单级固体燃料火箭发动机设计，全程制导，具备多种制导方式，具有高速度、高精度、高机动性和高突防能力，被视为俄罗斯的战术利器。

9K720 "伊斯坎德尔" 导弹的研制始于1988 年，旨在替代苏联时期的 OTR–21 "托奇卡"（北约代号 SS–21 "鼠标"）短程弹道导弹。经过多年的研发与测试，该导弹于 2006 年正式服役于俄罗斯陆军。随后，其改进型"伊斯坎德尔 –M"导弹也完成了国家测试，并开始批量生产和部署。

自服役以来，9K720 "伊斯坎德尔" 导弹在俄罗斯军队中发挥了重要作用。它不仅在多次军事演习中表现出色，还在实际冲突中展现了其强大的战斗力。

| 基本参数 | |
| --- | --- |
| 弹长 | 7.2米 |
| 弹径 | 0.95米 |
| 发射质量 | 3.8吨 |
| 射程 | 400~500千米 |

## 性能特点

9K720 "伊斯坎德尔" 导弹采用"惯性制导 + 卫星导航 + 景象匹配制导"等多种制导方式。单独采用惯性制导时，导弹在 280 千米射程上的命中精度约为 30 米，如果采用"惯性 + 景象匹配"制导时，命中精度理论上会小于2 米。它可携带集束子母弹、高爆弹、侵彻子母弹、钻地弹、空气燃烧弹和电磁脉冲弹等多种类型的战斗部。

▲ 9K720"伊斯坎德尔"导弹

**相关链接 >>**

9K720"伊斯坎德尔"导弹是俄罗斯部队装备的较先进的战役战术导弹，它突击敌防空连、反导连发射阵地和机场、指挥机构等目标通常只需1至2枚，毁伤能力惊人。其环境适应能力也很强，可以在 ±50 摄氏度范围内使用，而且可以在除沼泽地和流沙地以外的任何平地上实施发射，对发射地点场地要求极低。

# OTR-21"圆点"战术弹道导弹

## ■ 简要介绍

OTR-21"圆点"战术弹道导弹是苏联于20世纪70年代研制的近程地对地战术弹道导弹,北约代号SS-21"圣甲虫"。它采用固体燃料发动机,具备较高机动性,主要用于攻击敌方纵深的重要军事目标,如导弹发射阵地、指挥所、弹药库、燃料库等,以压制敌方防空火力。

该导弹的研发始于20世纪60年代末期,计划装备前线部队,以提高苏联军队的战术打击能力。经过多轮测试和改进,OTR-21"圆点"战术弹道导弹于1976年正式装备苏军部队,并在随后的时间里不断升级和完善。

自服役以来,OTR-21"圆点"战术弹道导弹一直是苏联/俄罗斯地对地战术导弹武器中的中坚力量。它不仅在多次军事演习中表现出色,还在实际冲突中发挥了重要作用。

| 基本参数 | |
|---|---|
| 弹长 | 6.4米 |
| 弹径 | 0.65米 |
| 弹头 | 化学、核弹头、EMP、集束弹药 |
| 发射质量 | A型2000千克<br>B型2010千克<br>C型1800千克 |
| 射程 | 15~70千米 |

## ■ 性能特点

OTR-21"圆点"战术弹道导弹使用惯性制导,导弹型号为9M79,打击精度在150米内;配备3种弹头,分别是装有482千克炸药的常规弹头、带有高爆破片(杀伤距离200米)的弹头和战术核弹头。其载具为9P129型导弹发射车,该车其实是水陆两栖车,所以有着船首一样的头部,它可以保证导弹在地面风速每小时达70千米时正常发射。

## 相关链接 >>

OTR-21"圆点"战术弹道导弹对于苏联来说可谓是一款具有划时代意义的导弹，因为从该款导弹之后苏联才开始真正地进入高精度武器时代。1984年，该导弹进行了第一次现代化升级，进一步强化了它的射程和精准度。2020年9月9日，白俄罗斯举行了一次导弹试射，使用的就是一枚"圆点 –U"型导弹。

# R-36M "撒旦" 洲际弹道导弹

## ■ 简要介绍

R-36M "撒旦" 洲际弹道导弹是苏联研制的一款多弹头洲际弹道导弹，被誉为世界上体积最大、威力最大的现役弹道导弹。它为应对他国核优势而研制，具有精度高、射程远、爆炸威力大的特点，另外，它还能够携带多个分导式核弹头，对敌方目标实施精确打击，具有极强的战略威慑能力。

R-36M "撒旦" 洲际弹道导弹的研发始于20世纪60年代末，由苏联著名的导弹设计机构南方设计局承担，总设计师为弗拉基米尔·费多罗维奇·乌特金。该导弹在R-36导弹的基础上进行了重新设计，大幅提高了性能和可靠性，并采用了多项先进技术。经过多轮测试和改进，R-36M "撒旦" 洲际弹道导弹于1975年12月开始正式装备部队。

自服役以来，该导弹一直是苏联/俄罗斯战略核力量的重要组成部分，承担着重要的战略威慑任务。该导弹具有多种型号，包括装备不同数量和当量核弹头的版本，其射程和命中精度均达到世界领先水平。尽管该导弹已经服役多年，但俄罗斯仍在对其进行维护和升级，以确保其继续发挥战略威慑作用。

### 基本参数

| 基本参数 | |
|---|---|
| 弹长 | 32.6米 |
| 弹径 | 3米 |
| 单弹头当量 | 2500万吨 |
| 发射质量 | 209.6吨 |
| 射程 | 16000千米 |

## ■ 性能特点

R-36M "撒旦" 洲际弹道导弹一级的4个发动机为整体的总成系统，将二级火箭发动机完全浸入推进剂箱，使之融为一体。首次采用了级间气体分离技术，从而简化了增压系统设备。这些措施使该导弹的起飞重量和投射重量大幅增加。其多弹头型导弹可以携带10个50万吨当量子弹头，发展到IV型时，其精度已经达到500米。

▲ R-36M "撒旦" 洲际弹道导弹

相关链接 >>

作为核武器，R-36M "撒旦" 洲际弹道导弹具有很强的打击硬目标的能力，被认为是良好的第一次打击武器。R-36M 的改进型 R-36M2 携带的核弹头数达 850 个，占俄罗斯陆基导弹弹头总数的 43.4%，现役核弹头总数的 24.3%，是俄罗斯单型号弹头数量最多的一种，在俄罗斯战略核力量中有举足轻重的地位。

# RS-28"萨尔马特"洲际弹道导弹

## ■ 简要介绍

RS-28"萨尔马特"洲际弹道导弹是俄罗斯研制的一款超重型洲际弹道导弹,也被称为俄罗斯的"护国神剑"。它采用液体燃料,具备较远的射程和极高的突防能力,能够携带多种类型的核弹头对敌方目标实施精确打击。该导弹的研制和服役,进一步增强了俄罗斯的战略威慑能力。

RS-28"萨尔马特"洲际弹道导弹的研发始于 2011 年,旨在取代即将退役的 R-36M "撒旦"洲际弹道导弹。在研发过程中,俄罗斯研发人员攻克了多项技术难题,如新型液体火箭发动机、制导机构和分导弹头机构等。经过多轮测试和改进,该导弹逐渐形成了完善的作战性能,并在多次试射中取得了圆满成功。

RS-28"萨尔马特"洲际弹道导弹于 2022 年开始进入战斗值勤,不仅提升了俄罗斯战略核力量的现代化水平,也增强了其应对潜在威胁的能力。据俄罗斯国防部透露,该导弹的射程超过 17000 千米,能够飞越北极或南极,并突破美国反导系统对目标实施攻击。

| 基本参数 | |
|---|---|
| 弹长 | 35.5米 |
| 弹径 | 3米 |
| 弹头数量 | 10~15个 |
| 起飞质量 | 208.1吨 |
| 射程 | 18000千米 |

## ■ 性能特点

RS-28"萨尔马特"洲际弹道导弹采用新型液体燃料,最大射程超过 17000 千米,拥有洲际打击能力。同时,这款导弹将允许携带 10 个重型或者 15 个中型分导式核弹头或高超声速滑翔车 Yu-71,或装配弹头和大量的组合等。这种配置,使它一次性最多可以对 15 个战略对手的中大型城市进行有效核打击。

▲ RS-28 "萨尔马特"洲际弹道导弹发射装置

相关链接 >>

2022年4月20日，俄罗斯成功试射了RS-28"萨尔马特"洲际弹道导弹，并预计同年底前投入使用。普京在祝贺试验成功时指出："该导弹在世界独一无二！"，它将与UR-100N弹道导弹、MR-UR-100弹道导弹、R-36M弹道导弹以及S-500防空导弹系统、A-235反弹道导弹系统一起，构建起俄罗斯强大的陆基攻防系统。

# RT-2PM2 "白杨 -M" 导弹

## 简要介绍

RT-2PM2 "白杨 -M" 导弹是俄罗斯在 20 世纪 90 年代研制成功的一款先进战略武器，是俄罗斯战略火箭军装备的主要洲际弹道导弹之一，以其高速度、强突防能力和远射程而闻名。该导弹采用三级固体燃料火箭推动，可携带多枚分导弹头，射程将近 1 万千米，能够覆盖全球大部分区域。

RT-2PM2 "白杨 -M" 导弹的研发始于苏联时期，由莫斯科热工技术研究所和第聂伯罗彼得罗夫斯克设计局联合开发。经过多次试射和改进后，于 1997 年开始批量生产，并正式服役于俄罗斯战略火箭军。

自服役以来，RT-2PM2 "白杨 -M" 导弹一直是俄罗斯战略核力量的重要组成部分。该导弹分为固定式和机动式两种，其中固定式导弹在 1997 年开始战备值班，而机动式导弹则在 2006 年开始战斗值勤。然而，据最新报道，RT-2PM2 "白杨 -M" 导弹将于 2024 年全部退役，被更先进的"亚尔斯"洲际弹道导弹所取代。

### 基本参数

| 弹长 | 22.7 米 |
|---|---|
| 弹径 | 1.95 米 |
| 发射质量 | 47.2吨 |
| 圆周精度 | 200 米 |
| 射程 | 11500 千米 |

## 性能特点

RT-2PM2 "白杨 -M" 导弹采用三级固体燃料火箭发动机，既可机动发射，也可固定发射。各级发动机的直径增大，并采用新的推力矢量控制方式，因而飞行初始段加速极快。同时安装有准确的引导和控制系统，命中精度极高。另外，导弹弹头和制导系统运用了加固技术，具有较强的抗干扰能力和良好的飞行稳定性，并且可与现有的作战指挥和通信系统兼容。

相关链接 >>

RT-2PM2"白杨-M"导弹安装有固体燃料火箭发动机,能以极快的速度拔地而起,可以摧毁1万千米以内的目标。而无论敌方以什么样的方式拦截,都无法把它击落,这就是为什么美国人称其为"疯子"的原因。美国人承认,该导弹大大降低了美国导弹防御系统的拦截效率,从而使他们的计划产生了混乱。

▲ RT-2PM2"白杨-M"导弹

# RS-24 "亚尔斯"洲际弹道导弹

## 简要介绍

RS-24"亚尔斯"洲际弹道导弹是俄罗斯研制的一款多弹头陆基机动洲际导弹，采用固体燃料火箭发动机，具备高速度、远射程和强突防能力的特点，可携带多个分导式核弹头，对敌方目标实施精确打击，具有强大的战略威慑能力。

RS-24"亚尔斯"洲际弹道导弹的研发始于对"白杨-M"导弹的深入改造和升级。该导弹的研发过程高度保密，但据外界推测，其研发工作可能始于21世纪初。在研发过程中，俄罗斯科研人员攻克了多项技术难题，如新型固体燃料火箭发动机、分导式多弹头技术等。

经过多次试射和改进后，RS-24"亚尔斯"洲际弹道导弹于2009年开始服役于俄罗斯战略火箭军，成为俄罗斯战略核力量的重要组成部分。该导弹采用固定式和公路机动式2种部署方式，具备较强的机动性和生存能力。据俄罗斯国防部透露，RS-24"亚尔斯"洲际弹道导弹的射程能够覆盖全球大部分区域。同时，该导弹还具备较强的抗干扰能力和良好的飞行稳定性，能够穿透高度保护的目标并降低被反导系统拦截的概率。

| 基本参数 | |
|---|---|
| 弹长 | 20.9米 |
| 弹径 | 1.9米 |
| 弹头质量 | 1.2吨 |
| 弹头数量 | 4~10枚 |
| 核弹头当量 | 150万~250万吨 |
| 圆周精度 | 150~250米 |
| 射程 | 11000千米 |

## 性能特点

RS-24"亚尔斯"洲际弹道导弹采用三级固体燃料火箭发动机，最快速度超过每秒7486米。它采用了更先进的分导式多弹头技术，每枚导弹最多可携带10个可攻击不同目标的核弹头，命中精度可达150米。弹头采用惯性制导和俄罗斯格洛纳斯卫星制导方式，搭载主动式电子干扰系统和红外干扰系统，可以突破目前世界上任何反导系统。

▲ RS-24 "亚尔斯"洲际弹道导弹

**相关链接 >>**

RS-24 "亚尔斯"洲际弹道导弹在
2007年首次发射成功后，就受到了美国
五角大楼的高度重视，认为该导弹摧毁美国简
直轻而易举。因为美国虽然拥有世界最先进
的军事装备，但是其反导系统并不是特别
完善，RS-24 "亚尔斯"洲际弹道导弹
恰恰又兼备了突破反导系统的拦截，
拥有打击、摧毁目标的能力。

# 俄罗斯空天军

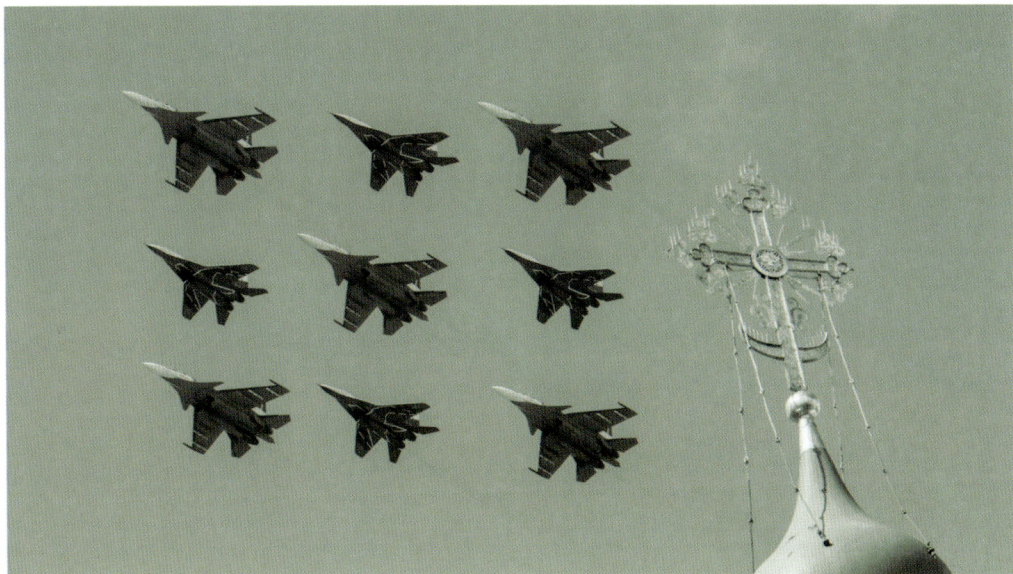

    2015 年 8 月 1 日，俄罗斯在原空军、空天防御兵的基础上组建了俄罗斯空天军。俄罗斯空天军现役的重要武器涵盖了多个方面，展现了其强大的作战能力。

    首先，在战斗机方面，俄罗斯空天军装备了多款先进机型。这些战斗机具备强大的空中优势和对地打击能力。苏 –35 战斗机以卓越的机动性和先进的雷达系统闻名，是空优战斗机的代表。而苏 –57 战斗机作为俄罗斯研制的第五代隐身战斗机，不仅实现了飞行性能和隐身性能的良好结合，还具备强大的超视距作战能力，是俄罗斯空天军的重要力量。

    此外，俄罗斯空天军还装备了图 –160 "海盗旗"战略轰炸机，这是世界上航速最快、航程最远的战略轰炸机之一。图 –160 "海盗旗"战略轰炸机具备远程高速飞行的能力，能够携带各种空对地和空对空武器，包括核武器，是执行战略轰炸和核威慑任务的重要工具。

    卡 –52 武装直升机以其独特的设计和卓越的性能在战场上屡建奇功。这款直升机采用共轴反转双旋翼式并列双座设计，具备出色的机动性和稳定性。同时，它还搭载了先进的航电系统和武器系统，能够执行多种作战任务，包括空中支援、反坦克作战等。

    这些先进武器系统的存在不仅提升了俄罗斯空天军的作战能力，也彰显了俄罗斯在航空工业领域的强大实力。

# 苏 -57 战斗机

## ■ 简要介绍

苏 -57 战斗机是俄罗斯空天军的一款第五代隐身多用途战斗机。前身为 T-50 战斗机，在 "未来战术空军战斗复合体" 计划下研发。苏 -57 战斗机具备超声速巡航、隐身、超机动及先进航电等能力，不仅具备强大的空中格斗能力，还具备对地攻击能力，是俄罗斯空天军未来作战体系中的重要组成部分。

该战斗机的研发始于 20 世纪 90 年代，旨在取代俄军的米格 -29 战斗机、苏 -27 战斗机等第四代战斗机。历经多次试飞和技术调整，于 2010 年 1 月 29 日进行了首次试飞，苏 -57 战斗机于 2020 年 12 月 25 日正式服役。其量产型战斗机已逐步装备俄罗斯空天军，并计划在未来几年内大规模列装，以提升俄罗斯空天军的作战能力。

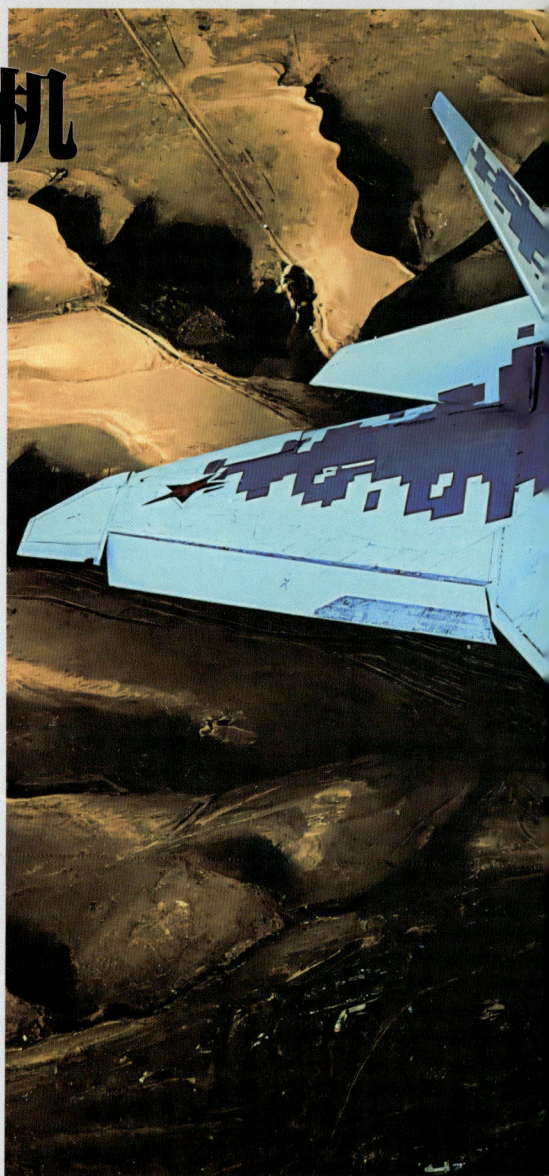

| 基本参数 | |
|---|---|
| 长度 | 19.8米 |
| 翼展 | 13.95米 |
| 高度 | 4.74米 |
| 空重 | 18吨 |
| 最大起飞质量 | 35吨 |
| 最大速度 | 2600千米/时 |
| 实用升限 | 20千米 |
| 最大航程 | 5500千米 |
| 动力系统 | 2台AL-41F1A（117）三维矢量涡扇发动机（过渡型） |

## ■ 性能特点

苏 -57 战斗机采用了常规布局，对飞机侧翼进行了改进。在苏 -57 战斗机之前，战斗机只能在很短的时间内进行超声速飞行，而苏 -57 战斗机则能在不开加力燃烧室的条件下保持高速飞行。同时，它还具备很强的机动性，能够携带高效的武器系统，以实现超声速状态下的作战。苏 -57 战斗机可携带 10 吨各式武器，包括为其最新研制的各种类型的导弹以及航空制导炸弹。

相关链接 >>

苏 –57 战斗机拥有两个内置弹舱，整个武器舱室几乎占飞机容量的 1/3，主要装载远程和中程空空导弹。如装备射程为 120~230 千米的中程空空导弹、射程 300 千米以上的远程空空导弹、射程可达 420 千米的超远程空空导弹。在执行的战斗任务不需隐身的情况下，可外挂智能炸弹及导弹。

▲ 苏 -57 战斗机

# 苏-35 战斗机

## ■ 简要介绍

苏-35 战斗机是俄罗斯苏霍伊设计局在苏-27 战斗机基础上研制的一款深度改进型单座双发、超机动、多用途重型战斗机，属于第四代战斗机改进型号，即第四代半战斗机。其研发始于 20 世纪 80 年代末，旨在替代苏-27 战斗机，大幅提升空天军的作战能力。首架原型机于 2008 年首飞，并于 2014 年正式服役。

苏-35 战斗机结合了高机动性、先进的航电系统和强大的武器装备，能够在多种作战环境下执行任务。其配备了推力矢量发动机，能够进行超机动飞行，如眼镜蛇机动和尾滑机动。同时，苏-35 战斗机还装备了"雪豹-E"有源相控阵雷达，具有极高的探测距离和多目标跟踪的能力。此外，苏-35 战斗机拥有 12 个外挂点，能够携带各种空对空导弹、空对地导弹等武器，具备强大的打击能力。

目前，苏-35 战斗机已成为俄罗斯空天军的主力战机之一，并在多次军事行动中展现了卓越的作战性能。

### 基本参数

| 基本参数 | |
|---|---|
| 长度 | 21.9米 |
| 翼展 | 15.15米 |
| 高度 | 5.9米 |
| 空重 | 17.5吨 |
| 最大起飞质量 | 34吨 |
| 最大速度 | 2500千米/时 |
| 实用升限 | 18千米 |
| 最大航程 | 4000千米 |
| 动力系统 | 2台AL-41F1（117S）三维矢量涡扇发动机 |

## ■ 性能特点

苏-35 战斗机采用三翼面设计带来绝佳的气动性能，此外真正的重点则在航电设备，提升自动化、计算机化、人性化、指管通情能力等。理论上苏-35 能发射所有俄制精确制导武器，如 Kh-29 反舰导弹、KH-59 巡航导弹、KH-31 反辐射导弹与 KAB-500、KAB-1500 系列制导炸弹等。其航电系统的核心是全新的"雪豹-E"有源相控阵雷达，具有超远的目标探测距离。

**相关链接 >>**

苏–35战斗机之所以具备强大的战斗力，主要得益于其独特的设计和尖端技术。它采用了推力矢量控制技术，赋予了战斗机卓越的机动性，如眼镜蛇机动极大提升了在近距离空战中的优势。同时，配备的先进雷达和多功能武器系统，使其具备出色的制空作战和对地打击能力。这些优点共同增强了苏–35的战斗力，使其成为现代空战的佼佼者。

▲ 苏–35 战斗机

# 苏-24"击剑手"战斗轰炸机

## 简要介绍

苏-24"击剑手"战斗轰炸机是俄罗斯联合航空制造集团公司研发的一款全天候、超声速、双座双发、可变后掠翼设计的战斗轰炸机,以卓越的飞行性能和多样化的武器系统而著称,是冷战时期苏联空军最有效的远程战术攻击机之一,也是俄罗斯空天军现役的主力战机之一。其主要战术使命是深入敌境,攻击敌方陆军集结部队或空军基地。

苏-24"击剑手"战斗轰炸机的研发始于1964年,在设计上采用了可变后掠翼技术,使得其既能在低空以高速度进行突防,又能在高空实现超声速飞行。此外,苏-24"击剑手"战斗轰炸机还是苏联第一款搭载数字化攻击瞄准、地形导航航电系统的飞机,标志着苏联飞机的火控和电子技术水平上了一个新台阶。

苏-24"击剑手"战斗轰炸机于1974年开始装备苏联空军,并迅速成为苏联空军的主力战机之一。该机型在服役期间经历了多次改进和升级,包括提升发动机性能、改进航电系统和武器系统等。目前,苏-24"击剑手"战斗轰炸机仍在俄罗斯空天军中服役,并出口到多个国家。

| 基本参数 | |
|---|---|
| 长度 | 21.7米 |
| 翼展 | 17.64米 |
| 高度 | 6.19米 |
| 空重 | 22.3吨 |
| 最大起飞质量 | 43.76吨 |
| 最大速度 | 1654千米/小时 |
| 实用升限 | 11千米 |
| 最大航程 | 2775千米 |
| 动力系统 | 2台 AL-21F-G涡喷发动机 |

## 性能特点

苏-24"击剑手"战斗轰炸机采用可变后掠翼设计,两种模式下使其能以每小时1225千米的速度低空突防或以每小时1593千米的速度高空突防。该轰炸机共8个外挂点,能携带包括空空导弹、空地导弹、航空炸弹、火箭弹甚至核武器,具备强大的对地攻击、轰炸和一定的空战格斗能力。同时,它是苏联第一款搭载数字化攻击瞄准、地形导航航电系统的飞机,整个导航观瞄系统被称为 PNS-24。

▲ 苏-24"击剑手"战斗轰炸机

**相关链接 >>**

苏-24"击剑手"战斗轰炸机曾进行过大量现代化改进,当前正在服役的主要为改进后的苏-24M"击剑手-D"战斗轰炸机。苏-24M主要改进了航空电子设备和武器系统,换装了改进型PNS-24M导航、火控雷达,使用Kaira-24(Grebe)激光指示器取代了原来的光电瞄准系统。Kaira-24令其具备了投放激光制导武器的能力,从而成为新一代空地导弹以及第一批激光制导炸弹的投送平台。

# 苏-27"侧卫"战斗机

## ■ 简要介绍

苏-27"侧卫"战斗机是一款单座双发全天候空中优势重型战斗机，属于第三代战斗机。该机于 1969 年开始研制，于 1977 年 5 月成功首飞，随后在 1985 年正式进入部队服役。苏-27"侧卫"战斗机以其卓越的性能和先进的设计理念，成为俄罗斯空天军的重要装备之一。

苏-27"侧卫"战斗机采用了翼身融合技术，拥有优异的气动性能，能够在高空高速下保持出色的机动性。其装备的 2 台 AL-31F 涡扇发动机，为战机提供了强大的动力支持。此外，苏-27"侧卫"战斗机还配备了先进的雷达和火控系统，能够同时攻击多个目标，具备强大的作战能力。

在服役期间，苏-27"侧卫"战斗机参与了多次军事行动和演习，展现了卓越的作战性能和可靠性。同时，苏-27"侧卫"战斗机还衍生出了多个型号，如苏-30、苏-33、苏-35等，进一步丰富了俄罗斯空天军的作战体系。

| 基本参数 | |
|---|---|
| 长度 | 21.9米 |
| 翼展 | 14.7米 |
| 高度 | 5.93米 |
| 空重 | 16吨 |
| 最大起飞质量 | 33吨 |
| 最大速度 | 2420千米/时 |
| 实用升限 | 18千米 |
| 最大航程 | 3790千米 |
| 动力系统 | 2台AL-31F涡扇发动机 |

## ■ 性能特点

苏-27"侧卫"战斗机主要任务是国土防空、护航、海上巡逻等。该战斗机配备的固定武器为 1 门 30 毫米 GSh-301 机关炮，挂架下可挂载 AA-8、AA-9、AA-10、AA-11 等空空导弹和各型空地导弹、各种炸弹以及火箭发射巢。苏-27"侧卫"战斗机属于重型战斗机，最大载弹量为 6 吨，能够携带 10 枚导弹进行空战，其机动性能比米格-29 强得多。

苏-27 "侧卫" 战斗机

**相关链接 >>**

1987 年 9 月 13 日, 巴伦支海上空, 挪威空军一架 P-3B 型反潜巡逻机正在苏联沿岸执行侦察任务。10 时 39 分, 该机与苏 -27 "侧卫" 战斗机遭遇。苏 -27 "侧卫" 战斗机在第三次逼近 P-3B 后, 猛然加力, 从其右翼下方高速掠过。它的垂尾尖端撞上了 P-3B 右外侧发动机的螺旋桨叶片, 一块碎片击穿了 P-3B 机身, 这就是冷战时期著名的 "巴伦支海上空手术刀" 事件。

# 苏-30"侧卫C"战斗机

## 简要介绍

苏-30"侧卫C"战斗机是基于苏-27战斗机设计的一款双座双发多用途重型战斗机。其研发始于20世纪80年代，旨在提升苏联空军的远程拦截和对地攻击能力。该机于1991年获得新编号"苏-30"，并在随后的几年中进行了多次试飞和改进。

苏-30"侧卫C"战斗机以其优秀的飞行性能、强大的武器系统和先进的航电设备而闻名。它采用两台AL-31FP推力矢量涡扇发动机，具备超声速巡航能力和高机动性。在武器配置方面，苏-30"侧卫C"战斗机可以携带多种空空和空地导弹，以及各类炸弹和火箭弹，执行多种作战任务。

1996年，苏-30"侧卫C"战斗机正式服役于俄罗斯空天军，并逐渐成为其主力机型之一。此外，苏-30"侧卫C"战斗机还出口到多个国家，包括中国、印度、阿尔及利亚等，成为国际军贸市场上备受关注的先进战斗机之一。

### 基本参数

| 基本参数 | |
|---|---|
| 长度 | 21.935米 |
| 翼展 | 14.7米 |
| 高度 | 6.4米 |
| 空重 | 17.7吨 |
| 最大起飞质量 | 34.5吨 |
| 最大速度 | 2448千米/时 |
| 实用升限 | 17.3千米 |
| 最大航程 | 3000千米 |
| 动力系统 | 2台AL-31FP/AL-41F1S(Su-30SM2)加力涡扇发动机 |

## 性能特点

苏-30"侧卫C"战斗机能长时间进行空中巡逻飞行，飞行10小时不用加油。苏-30"侧卫C"战斗机既保留了独自参加空战的能力，又具备空中编队指挥机的能力，能在编队中指挥其他飞机作战。机上安装有先进的H001"宝剑"雷达，与新型的P-BB-AE中程空空导弹配套使用，可同时制导2枚导弹攻击不同的空中目标，并且具有部分攻击地面目标的能力。

**相关链接 >>**

　　苏-30"侧卫C"战斗机作为俄罗斯研制的一款高性能、多用途战斗机，集超视距作战、近距空空作战、对地打击与反舰能力于一体。其配备先进航电和武器系统，可在各种气象和战场条件下保持高机动性和稳定性，执行多样化作战任务，综合战斗能力强，是空中力量的得力助手。

▲ 苏-30"侧卫C"战斗机

# 米格-29 "支点" 战斗机

## ■ 简要介绍

米格-29 "支点" 战斗机是苏联米高扬设计局研制的一款双发高机动性制空战斗机。其研发始于20世纪70年代，旨在维持苏联的空中优势。1977年，米格-29 "支点" 战斗机原型机成功首飞，随后于1982年开始批量生产，并于1983年正式装备部队。

米格-29 "支点" 战斗机以其出色的机动性和先进的航空电子系统而闻名，配备了2台RD-33涡扇发动机，最大飞行速度每秒可达782米，具备强大的空对空作战能力。在武器装备上，米格-29 "支点" 战斗机装备有1门30毫米机炮和多个挂架，可挂载多种空空导弹和炸弹，满足多样化的作战需求。

米格-29 "支点" 战斗机在服役期间参与了多次军事行动，包括海湾战争等，展现了其在实战中的实力。同时，该战斗机还衍生出了多个型号，如米格-29UB教练机、米格-29M战斗轰炸机等，进一步提升了作战效能和适应性。至今，该战斗机仍然是俄罗斯及其他部分国家空军的重要装备之一。

| 基本参数 | |
|---|---|
| 长度 | 17.37米 |
| 翼展 | 11.4米 |
| 高度 | 4.73米 |
| 空重 | 11吨 |
| 最大起飞质量 | 20吨 |
| 最大速度 | 2818千米/时 |
| 实用升限 | 18千米 |
| 最大航程 | 2100千米 |
| 动力系统 | 2台RD-33加力涡扇发动机 |

## ■ 性能特点

米格-29 "支点" 战斗机在设计上升力型机身和大型机翼时完整地以整体空气动力学形式融合，两个低于轴心的发动机配备有可调进气口，能承受持续9个重力加速度过载的机体结构。机上装有多模式脉冲多普勒雷达、全面的火控和电子系统，武器为空空导弹外加1门机关炮。它的头盔瞄准具是整个火控系统中最有特色的部分，配合R-73近距格斗空空导弹，能在近距格斗中占据有利地位。

▲ 米格 -29"支点"战斗机

**相关链接 >>**

1991 年 1 月 17 日，美国空军 4 架 F-15C 战斗机用 AIM-7M 空空导弹击落 3 架伊拉克空军米格 -29"支点"战斗机；1 月 18 日，两架 F-15C 击落 1 架伊拉克空军的米格 -29"支点"战斗机。在此期间，伊拉克空军的米格 -29"支点"战斗机也以 R-27R 空空导弹分别击落了 1 架美国空军的 B-52G 轰炸机和 1 架英国皇家空军的"旋风"式侦察机 GR.1A。

# 米格-31"猎狐犬"战斗机

## ■ 简要介绍

米格-31"猎狐犬"战斗机是苏联米高扬设计局研制的一款串列双座全天候截击战斗机。该机由米格-25战斗机发展而来，于1970年开始研发，旨在取代庞大的图-128截击机，并应对美国的高空高速侦察机和战略轰炸机。经过多年研发，米格-31"猎狐犬"战斗机于1975年完成首飞，1979年开始量产，1982年正式进入苏联军队服役。

米格-31"猎狐犬"战斗机具备高速度、高机动性和远程拦截能力，最大飞行速度每秒可达963米，作战半径超过1500千米。它采用了先进的雷达和武器系统，能够同时跟踪和攻击多个目标，包括巡航导弹和战略轰炸机。此外，米格-31"猎狐犬"战斗机还具备超声速巡航能力，能够在不开启加力燃烧室的情况下持续飞行，大大提高了作战效率。

至今，米格-31"猎狐犬"战斗机仍然是俄罗斯空天军的重要装备之一，并在多次军事演习和实战中展现出卓越的作战性能。同时，哈萨克斯坦也是该机的用户之一，并计划对其进行升级改造。

| 基本参数 | |
|---|---|
| 长度 | 22.69米 |
| 翼展 | 13.46米 |
| 高度 | 6.15米 |
| 空重 | 21.8吨 |
| 最大起飞质量 | 46.2吨 |
| 最大速度 | 3467千米/时 |
| 实用升限 | 20.6千米 |
| 最大航程 | 3300千米 |
| 动力系统 | 2台D-30F-6加力涡扇发动机 |

## ■ 性能特点

米格-31"猎狐犬"战斗机机身下可挂4枚R-33或R-37远程空空导弹，R-37拥有6马赫的速度和300千米的超远射程；两侧机翼下可以挂2枚R-40T中程红外导弹；4枚R-60红外空空导弹成对挂在翼下2个外侧架上。新一代米格-31"猎狐犬"战斗机使用新型流线防弹钢板，存活度大大提高。新的发动机支持悬停系统，独有的隐身巡航技术，可以"欺骗"许多单位的侦测设备。

▲ 米格 -31 "猎狐犬" 战斗机

相关链接 >>

2011 年 9 月 6 日 6 时，俄罗斯空天军一架米格 -31 "猎狐犬" 战斗机在彼尔姆边疆区执行例行飞行任务时，在距大萨维诺机场 11 千米处从雷达屏幕上消失。7 时 34 分，进行搜救的米 -8 直升机在距彼尔姆边疆区布科雷镇东南 600 千米处发现了坠毁的飞机。搜救小组随后赶到坠机现场，确认 2 名飞行员罹难。

# 米格 -35 "支点 -F" 战斗机

## ■ 简要介绍

米格 -35 "支点 -F" 战斗机是俄罗斯米高扬设计局研发生产的一款多用途战斗机，属于第四代半战斗机。该机是米格 -29 "支点" 战斗机的深度改进型，集成了米格航空器集团的最新技术。1996 年米格 -35 研发计划首度公开，原型机在 2007 年进行了首次试飞，并在经历多年的研发和改进后，于 2019 年起陆续进入俄罗斯空天军服役。

米格 -35 "支点 -F" 战斗机采用了改进后的 RD-33MK 加力涡扇发动机，具备矢量推力能力，显著提升了战斗机的机动性和短距起降能力。其航电系统也得到了全面升级，装备了先进的相控阵雷达和光电定位系统，能够执行多种任务，包括空中格斗、对地攻击和侦察等。该战斗机还具备出色的挂载能力，可携带多种导弹和炸弹，总载弹量达到 6 吨。此外，该机还采用了隐身材料和技术，减小了雷达反射面积，提高了战场生存能力。

| 基本参数 | |
|---|---|
| 长度 | 17.3米 |
| 翼展 | 12米 |
| 高度 | 4.73米 |
| 空重 | 11吨 |
| 最大速度 | 2756千米/时 |
| 实用升限 | 17.5千米 |
| 最大航程 | 3100千米 |
| 动力系统 | 2台RD-33MK加力涡扇发动机 |

## ■ 性能特点

米格 -35 "支点 -F" 战斗机采用放宽纵向静稳定度的气动布局、三通道四冗余数字电传飞控系统和推力更大的发动机，提高了机动性；降低了雷达和红外特征，最新的自卫套件等提高了生存能力。两侧机翼下共 8 个外挂点，机身中央 1 个外挂点，装备空空导弹 R-60、R-73、R-77，空地导弹 AS-14、AS-17。米格 -35 "支点 -F" 战斗机通过先进多频谱火控系统和武器，提高了战斗力。

▲ 米格 -35 "支点 -F" 战斗机

## 相关链接 >>

　　航电是米格 -35 "支点 -F" 战斗机的设计重点，它主要的电子设备包括著名的 Zhuk–A/AE 有源相控阵雷达。作为第一种装备在俄制战机上的有源相控阵雷达，该雷达拥有 1016 个 T/R 组件，其中 FGA–35 型对 RCS 为 3 平方米的目标探测距离达到 200 千米，升级版达到 250 千米，可以同时跟踪 30 个目标，攻击其中 6 个空中目标或 4 个地面目标。

# 苏-34"鸭嘴兽"战斗轰炸机

## ■ 简要介绍

苏-34"鸭嘴兽"战斗轰炸机是俄罗斯一款高机动性、全天候、超声速、双发双座战斗轰炸机,在苏-27UB战斗教练机的基础上研制而成。该机于1986年开始初步设计,历经多年研发,于2003年完成配装完整航电系统的首架全状态机首飞,并于2007年正式服役于俄罗斯空天军。

苏-34"鸭嘴兽"战斗轰炸机的最大特征是其扁平的头部设计,并列双座布局使机头宽度增加,为了减小体积,其头部设计成扁平状,因此获得了"鸭嘴兽"的绰号。该机装备了先进的航电系统和武器系统,包括V004无源相控阵雷达、"普拉坦"电视及激光瞄准系统等,具备强大的探测和攻击能力。在武器挂载方面,苏-34"鸭嘴兽"战斗轰炸机拥有12个外挂点,最大外挂质量可达8吨,可携带多种类型的导弹和炸弹。

苏-34"鸭嘴兽"战斗轰炸机凭借其优异的性能和强大的作战能力,已成为俄罗斯空天军的主力机型之一,并在多次军事行动中发挥了重要作用。

| 基本参数 | |
|---|---|
| 长度 | 21.94米 |
| 翼展 | 14.7米 |
| 高度 | 5.93米 |
| 空重 | 22.5吨 |
| 最大起飞质量 | 45.1吨 |
| 最大速度 | 2000千米/时 |
| 实用升限 | 15千米 |
| 最大航程 | 4000千米 |
| 动力系统 | 2台AL-31FM1加力涡扇发动机 |

## ■ 性能特点

苏-34"鸭嘴兽"战斗轰炸机最大特征是扁平的头部,机翼有助于恢复气动平衡,提高机动性。它采用了许多先进的装备,如新型火控计算机、液晶显示器、新型数据链、后视雷达等。而且能挂载更多种类的空面制导武器,具有强大的反舰能力。其最重要的航电系统为头部的V004雷达,在空地模式中可以同时攻击2个空中目标,在空空模式中可以同时攻击4个。

▲ 苏-34"鸭嘴兽"战斗轰炸机

相关链接 >>

　　苏-34"鸭嘴兽"战斗轰炸机保留了苏-27UB的总体气动布局，但机身结构是全新的。为了能在前机身和机鼻部分塞进并列双座座舱和体积庞大的电子设备及更多的燃油，只能选择加大头部，同时所有主要机身结构都得到了加强，以承受增加的操作重量。还增加了一条尖锐边缘以产生稳定涡流作用在垂尾上，提高大迎角飞行时的偏航稳定性。

# 苏-25"蛙足"攻击机

## ■ 简要介绍

苏-25"蛙足"攻击机是苏联时期研制的一款高亚声速近距空中支援攻击机,以其坚固的装甲、强大的火力以及适应恶劣环境的能力,成为苏联空军及后续俄罗斯空天军的重要装备。

苏-25"蛙足"攻击机的研发始于1968年,当时苏军提出了新型攻击机的需求,要求能够在前线150千米以内目视攻击敌人的地面目标、直升机和低速飞机。雅克夫列夫设计局、伊柳辛设计局和苏霍伊设计局参与了竞标,最终苏霍伊设计局的方案被选中,设计局编号为T-8。1975年2月,苏-25"蛙足"攻击机的原型机首次试飞成功。1978年,苏-25"蛙足"攻击机开始批量生产,但直到1981年才形成全面作战能力。

苏-25"蛙足"攻击机自服役以来,广泛装备于俄罗斯空天军和海军航空兵,并在乌克兰、哈萨克斯坦、伊拉克、伊朗、朝鲜等多个国家得到应用。目前,俄罗斯空天军现役的苏-25"蛙足"攻击机数量约为200架,同时还有超过100架处于封存状态。

| 基本参数 | |
|---|---|
| 长度 | 15.53米 |
| 翼展 | 14.36米 |
| 高度 | 4.80米 |
| 空重 | 9.3吨 |
| 最大起飞质量 | 17.6吨 |
| 最大速度 | 975千米/时 |
| 实用升限 | 7千米 |
| 最大航程 | 1000千米 |
| 动力系统 | 2台R-195无加力涡轮喷气发动机 |

## ■ 性能特点

苏-25"蛙足"攻击机机身短粗,全焊接座舱底部及四周装有24毫米的钛合金防弹钢板,操纵面由传动杆驱动,具有很强的生存能力,可承受一般地面炮火攻击。机翼下共有8个挂点,最大载弹量4400千克,包括57毫米和80毫米无控火箭、500千克燃烧弹、化学集束炸弹及AS-7、AS-10、AS-14等各型空地导弹、"旋风"反坦克导弹。

▲ 苏 -25 "蛙足" 攻击机

相关链接 >>

苏 –25 "蛙足" 攻击机具有多种衍生型号，如苏 –25 单座近距支援型、苏 –25UB 串列双座教练型、苏 –25UT 不带武器系统教练型、苏 –25UTG 舰载型、苏 –25T/TK 反坦克改进型等。最新机型是苏 –25TK，改进燃油容量、航空电子装备、装甲及攻击系统。不过该机在出口市场上销路不是太好，远远比不上同代的米格 –23 战斗机。

# 图-160 "海盗旗" 战略轰炸机

## 简要介绍

图-160 "海盗旗" 战略轰炸机是苏联图波列夫设计局（现俄罗斯联合航空制造集团公司）的杰作之一。它以高空亚声速巡航、低空亚声速或高空超声速突袭的作战方式，以及携带远程巡航导弹和核弹头炸弹的能力，成为苏联/俄罗斯空军的重要战略威慑力量之一。

图-160 "海盗旗" 战略轰炸机的研制始于冷战时期，采用招标方式确定设计方案。最终，图波列夫设计局在图-144 超声速客机的基础上，结合 M-18 方案的设计特点，成功研制出这款战略轰炸机。原型机于 1981 年 12 月 19 日首飞，经过一系列测试和改进后，于 1987 年 5 月开始服役，1988 年形成初始作战能力。

图-160 "海盗旗" 战略轰炸机自服役以来，一直是俄罗斯空天军的重要装备之一。其优雅的外观和俄罗斯空天军的白色涂装，使其获得了 "白天鹅" 的美誉。目前，俄罗斯空天军现役的图-160 "海盗旗" 战略轰炸机数量约为 16 架，它们承担着战略核威慑、战术核打击以及跨洲际常规火力投送等任务。

| 基本参数 | |
|---|---|
| 长度 | 54.1米 |
| 翼展 | 全后掠（20度后掠角）：35.60米<br>全展开（65度后掠角）：55.70米 |
| 高度 | 13.1米 |
| 空重 | 110吨 |
| 最大起飞质量 | 275吨 |
| 最大速度 | 2500千米/时 |
| 实用升限 | 21千米 |
| 最大航程 | 14000千米 |
| 动力系统 | 4台NK-32加力涡扇发动机 |

## 性能特点

图-160 "海盗旗" 战略轰炸机的体积比美国 B-1 战略轰炸机大将近 35%，是世界上最大的战略轰炸机；同时也装备着世界上推力最强劲的军用航空发动机，速度比 B-1 战略轰炸机快 80%，航程多出将近 45%。它有 2 个武器舱，均可容纳 1 个能发射 6 枚 AS15 "撑竿" 亚声速空射巡航导弹的旋转发射架，也可携带巡航导弹、短距攻击导弹、核弹、常规炸弹和鱼雷等多种武器。

▲ 图-160"海盗旗"战略轰炸机

**相关链接 >>**

图-160"海盗旗"战略轰炸机作战方式以高空亚声速巡航、低空亚声速或高空超声速突袭为主，因此安装有齐备的火控系统、导航系统，有能够在远距离预先发现地面和海上目标的预警雷达。此外还可以低空突袭，用带有核弹头的炸弹或发射导弹攻击重要目标，为此安装了光电瞄准具、地形跟踪系统、主动和被动电子对抗系统和空中加油系统等。

# 图-95 "熊" 战略轰炸机

## ■ 简要介绍

图-95 "熊" 战略轰炸机是苏联图波列夫设计局为苏联空军研制的一款四发涡轮螺旋桨式亚声速轰炸机。其设计独特,采用后掠机翼和4台涡桨发动机,具备穿越北极的远程轰炸能力。

图-95 "熊" 战略轰炸机的研发始于1951年,旨在取代当时苏联空军中的老旧轰炸机型号。经过数年的努力,第一架原型机于1954年成功试飞,随后进入批量生产阶段。1956年开始交付空军使用,早期生产了300多架。在20世纪80年代中期,该轰炸机又进行了大改并恢复生产,主要生产可携带巡航导弹的图-95MC轰炸机和图-142M3型海上侦察/反潜机。

图-95 "熊" 战略轰炸机自服役以来,一直是苏联/俄罗斯空军的重要装备之一。它不仅被用作战略轰炸机,还执行过电子侦察、照相侦察、海上巡逻反潜和通信中继等多种任务。目前,该轰炸机主要装备俄罗斯空天军,并预计将持续服役至2040年。此外,其反潜型图-142还曾出口至印度等国家。

| 基本参数 | |
|---|---|
| 长度 | 49.5米 |
| 翼展 | 51.1米 |
| 高度 | 12.12米 |
| 空重 | 81.3吨 |
| 最大起飞质量 | 188吨 |
| 最大速度 | 925千米/时 |
| 实用升限 | 13.4千米 |
| 最大航程 | 14000千米 |
| 动力系统 | 4台NK-12MV型涡轮螺旋桨发动机 |

## ■ 性能特点

图-95 "熊" 战略轰炸机在设计上采用后掠机翼,翼上安装4台涡轮螺旋桨发动机。主要武器为单座或双座 AM-23 式 23 毫米雷达控制机尾机炮,可携挂重达 25 吨的多种炸弹和巡航、反舰导弹,尤其 Kh-22N 专门以 35 万吨当量核头针对美国航空母舰以及航母战斗群为目标。除用作战略轰炸机之外,该轰炸机还可以执行电子侦察、海上巡逻反潜和通信中继等任务。

▲ 图-95"熊"战略轰炸机

**相关链接 >>**

1956 年 3 月，苏联部长会议正式委托图波列夫设计局升级图-95"熊"战略轰炸机，使之能携带即将投产的超级核武器，项目编号为图-95V。1961 年 10 月 30 日，苏联测试的人类历史上威力最大的人造爆炸装置"沙皇"氢弹，就是由图-95V 轰炸机投掷的。2007 年 8 月 18 日，俄罗斯总统普京宣布，停止 15 年之久的图-95"熊"战略轰炸机境外定期巡逻飞行任务将恢复执行。

# 图-22M "逆火" 战略轰炸机

## ■ 简要介绍

图-22M "逆火" 战略轰炸机是苏联图波列夫设计局（现俄罗斯联合航空制造集团公司）研制的一款超声速可变后掠翼战略轰炸机，以超声速飞行能力和远航程为特点，能够执行战略轰炸、战术轰炸以及反舰作战等多种任务。

图-22M "逆火" 战略轰炸机的研制工作始于1962年，原型机于1969年首飞成功，生产型于1974年开始正式交付部队使用。自服役以来，一直是苏联/俄罗斯空军的重要装备之一。它参与了多次军事行动和演习，展示了强大的作战能力和可靠性。截至当前，俄罗斯仍有约114架图-22M轰炸机在服役，其中包括经过现代化升级的图-22M3型。这些轰炸机在俄罗斯空天军的战略威慑和作战任务中发挥着重要作用。

| 基本参数 | |
|---|---|
| 长度 | 42.4米 |
| 翼展 | 全后掠（20度后掠角）：23.3米<br>全展开（65度后掠角）：34.28米 |
| 高度 | 11.05米 |
| 空重 | 58吨 |
| 最大起飞质量 | 126吨 |
| 最大速度 | 2000千米/时 |
| 实用升限 | 13.3千米 |
| 最大航程 | 7000千米 |
| 动力系统 | 2台NK-25加力涡扇发动机 |

## ■ 性能特点

图-22M "逆火" 战略轰炸机为双发变后掠翼布局，名义上为图-22的改良型，实际上是一款全新设计的超声速战略轰炸机，性能大大超过图-22。最新型的图-22M3轰炸机最大武器挂载量为24吨，机翼和机腹下可挂载3枚Kh-22空地导弹及各型精确制导炸弹，还具有陆上和海上下视能力的远距探测雷达、轰炸导航雷达、多普勒导航、SRZO-2敌我识别和计算系统。

相关链接 >>

图 -22M"逆火"战略轰炸机既可以进行战略核轰炸，也可以进行战术轰炸，尤其是携带大威力反舰导弹，远距离快速奔袭，攻击敌方航空母舰编队，部署在任何一个地方，对战略空间都是一种巨大的威慑。更为先进的 Kh-101 型导弹也配备常规弹头，由于其圆误差概率仅为 10 米，也被称为"高精度导弹"。

▲ 图 -22M"逆火"战略轰炸机

# 米格-AT 高级教练机

## ■ 简要介绍

米格-AT 是俄罗斯研制的一款先进的多用途教练机。它不仅具有良好的飞行性能，而且具有安全性高、直接使用成本低和功能多等特点。该机与前线作战飞机具有相同的机动性，使用寿命可达30年，不少于25000个起落。该机可在其基本型教练机的基础上改装成轻型攻击机或战斗机。

苏联解体后，俄罗斯空军中已经老旧的 L-39"信天翁"教练机等需要被大批替换，于是俄罗斯空军决定自行研制。

米格-AT 高级教练机于20世纪80年代末开始设计，由俄罗斯米高扬设计局负责全机制作研发等工作，法国斯奈克公司也曾参与研制。1996年3月16日原型机进行了首次试飞。

| 基本参数 | |
|---|---|
| 长度 | 12.01米 |
| 翼展 | 10.16米 |
| 高度 | 4.42米 |
| 空重 | 4.6吨 |
| 最大起飞质量 | 8.3吨 |
| 最大速度 | 1000千米/时 |
| 实用升限 | 14千米 |
| 最大航程 | 2000千米 |
| 动力系统 | 两台RD-1700或Larzac04R20涡轮风扇发动机 |

## ■ 性能特点

米格-AT 高级教练机主要采用下单翼、中置平尾、双发、串列式双座驾驶舱、前三点式宽主轮距起落架布局。该机先进的气动布局设计和因选用透博梅卡公司的"拉扎克"04R20/RD 涡扇发动机所获得的高推重比，使之具有可与现代及未来各种先进战斗机媲美的亚声速机动性和操纵性、高爬升率、低着陆速度及较短的起飞和着陆滑跑距离。

**相关链接 >>**

米格 –AT 高级教练机的任务范围包括：在低高度和高高度空间进行从初级到高级的飞行机动训练；在混凝土跑道和未经铺设跑道上的起飞和着陆飞行训练；仪表飞行和空中领航飞行训练；拦截空中目标和空中格斗飞行训练；攻击地面目标飞行训练以及编组和编队飞行训练。

▲ 米格 -AT 高级教练机

# 雅克 -130 高级喷气教练机

## 简要介绍

雅克 -130 高级喷气教练机是俄罗斯雅克夫列夫设计局研制的一款双发涡扇高级教练机，它不仅能够满足飞行员的中高级飞行训练和作战模拟训练需求，还具备执行对地攻击等作战任务的能力。

随着苏联时期的 L-39 教练机逐渐老化，俄罗斯空军急需新一代高级教练机。雅克 -130 项目应运而生，旨在替代 L-39 并满足现代空军训练需求。该机于 1991 年开始设计，原型机于 1996 年首飞，历经多年测试和改进，于 2010 年正式服役。该机在设计过程中充分考虑了未来战斗机的训练需求，并采用了多项先进技术。

雅克 -130 高级喷气教练机于 2010 年进入俄罗斯空军服役，并迅速成为其教学—练习综合体的主要组成部分。该机不仅装备了俄罗斯空天军，还出口到多个国家，包括白俄罗斯、阿尔及利亚、越南等，显示了其良好的国际竞争力和市场需求。

| 基本参数 | |
| --- | --- |
| 长度 | 11.3米 |
| 翼展 | 10.4米 |
| 高度 | 4.8米 |
| 空重 | 4.6吨 |
| 最大起飞重量 | 9吨 |
| 最大速度 | 1060千米/时 |
| 实用升限 | 12千米 |
| 最大航程 | 2000千米 |
| 动力系统 | 2台AI-222-25加力涡扇发动机 |

## 性能特点

雅克 -130 高级喷气教练机采用中单翼的常规布局，并采用后掠翼和全动水平尾翼，能在小型土质机场起降。机腹和机翼下共有 9 个外挂点，可携带俄制和西方的武器或副油箱。它具有优良的气动外形和先进的机载电子设备，安全系数较高，使用寿命较长，既可以用于培训苏 -30、米格 -29 驾驶员，也可以担负多种类型欧美战斗机驾驶员的训练任务。

相关链接 >>

雅克 –130 高级喷气教练机是俄罗
斯目前同类产品中最先进的，以良好的
设计和优异的性能受到了俄罗斯空天军和国
外用户的青睐。在参考了其设计之后，欧
洲和东亚的一些国家还设计生产了他们
各自版本的雅克 –130。它可以在现代
战斗机所能遇到的所有飞行状态下
飞行，利用这种教练机训练的飞
行员可以驾驶多种战斗机。

▲ 雅克 -130 高级喷气教练机

# 米-26"光晕"直升机

## 简要介绍

米-26"光晕"直升机是一款由苏联米里实验设计局研制的重型多用途直升机，也是当今世界仍在服役的最重、最大的直升机。

为了提升军事运输能力和满足国民经济建设需求，苏联决定研发一款能够装载大量人员和武器的大型直升机。研发工作始于20世纪70年代，在吸取了米-6和米-12等前代直升机的经验教训后，设计团队成功克服了众多技术难题，米-26"光晕"直升机于1977年进行了首飞，并在随后的几年中完成了各项测试和验证工作。

米-26"光晕"直升机于1980年正式服役，最初主要用于民用领域，随后逐渐扩展到军事领域。在服役期间，该直升机表现出了极高的可靠性和多任务执行能力，被广泛用于物资运输、人员投送、救援抢险等多个领域。其强大的载重能力和超长航程使其成为执行远程和重型运输任务的理想选择。米-26"光晕"直升机不仅在俄罗斯国内受到高度评价，还出口到白俄罗斯、哈萨克斯坦等多个国家，成为国际军贸市场上备受瞩目的重型直升机之一。

### 基本参数

| 基本参数 | |
|---|---|
| 长度 | 40米 |
| 旋翼直径 | 32米 |
| 高度 | 8.145米 |
| 空重 | 28.2吨 |
| 最大起飞质量 | 56吨 |
| 最大速度 | 270千米/时 |
| 实用升限 | 4.6千米 |
| 最大航程 | 1920千米 |
| 动力系统 | 2台D-136涡轴发动机 |

## 性能特点

米-26"光晕"直升机是第一架旋翼叶片达8片的重型直升机，有2台发动机并实施载荷共享，在其中一台失效的状态下，另一台发动机仍可以维持飞机的正常飞行。它的质量只比米-6略重一点儿，却能吊运20吨的货物，相当于美国C-130"大力神"运输机的载荷能力，是现今仍在服役的世界最大、最重的直升机。

▲ 米-26"光晕"直升机

**相关链接 >>**

　　米-26"光晕"直升机除作为军事用途之外，其民用功能也相当出色，如森林消防、自然灾害救援等。2008年5月，在汶川大地震的救援、抢险中，就是频繁使用该机调运大型工程设备到震区实施堰塞湖的挖掘、疏浚工程，在预防次生灾害方面发挥了重要作用。此外，该直升机还是联合国执行维和任务的直升机机种之一。

# 米-8"河马"直升机

## ■ 简要介绍

米-8"河马"直升机是苏联米里实验设计局的一款双引擎中型直升机,不仅具备强大的运输能力,还能加装武器进行火力支援。其设计兼顾了民用和军用需求,广泛应用于人员运输、物资投送、医疗救护、搜索救援等多个领域。

20世纪60年代,为了满足苏联空军对新型中型直升机的需求,米里实验设计局在米-4直升机的基础上开始了米-8的研发工作。经过多次试飞和改进,最终于1967年正式进入苏联空军服役。在研发过程中,米-8"河马"直升机经历了多次技术升级和改型,形成了包括米-17、米-14等多个衍生型号。

自1967年服役以来,米-8"河马"直升机已成为俄罗斯及其他多个国家空军和民航部门的重要装备,以其卓越的性能和可靠性赢得了广泛赞誉。在军事领域,它执行了多次重要任务,包括运输、侦察、火力支援等;在民用领域,则广泛应用于医疗救护、森林消防、旅游观光等多个方面。

| 基本参数 | |
|---|---|
| 长度 | 25.33米 |
| 旋翼直径 | 21.29米 |
| 高度 | 5.54米 |
| 空重 | 7.26吨 |
| 最大起飞质量 | 12吨 |
| 最大速度 | 260千米/时 |
| 实用升限 | 4.5千米 |
| 最大航程 | 450千米 |
| 动力系统 | 2台TV2-117涡轴发动机 |

## ■ 性能特点

米-8"河马"直升机机身结构为传统的全金属截面半硬壳短舱加尾梁式结构。尾梁和带固定平尾的尾斜梁主要材料为铝合金,尾部用钛合金和高强度钢,这些新技术使其寿命大大延长。动力为苏联第一代涡轴发动机TV2-117。一般在两侧加挂火箭弹发射器,可发射57毫米火箭弹;机头加装12.7毫米机枪,也可在挂架上加挂"斯瓦特""萨格尔"反坦克导弹。

▲ 米-8"河马"直升机

## 相关链接 >>

米-8"河马"直升机作为一款中型运输直升机，在战场环境中展现出了强大的综合作战能力。它具备快速部署、物资运输和人员输送等多样化功能，同时，装备有武器和防御系统，可以执行空中火力支援和战场侦察任务。这些特点使米-8"河马"直升机成为现代战场上不可或缺的空中力量。

# 米-24"雌鹿"武装直升机

## ■ 简要介绍

米-24"雌鹿"武装直升机是由苏联米里设计局研制的一款标志性的兼具运输和攻击功能的直升机,同时也是世界上第一代成功量产的武装直升机。它兼具了强大的火力支援和灵活的运输能力,能够在战场上执行多种任务,包括近距离空中支援、反坦克作战、突击运输等。

米-24"雌鹿"武装直升机的研发始于20世纪60年代末,并于1969年首次试飞行成功。后经过多次试飞和改进,该直升机于1972年底完成试飞并投入批量生产,1973年正式开始装备部队。自服役以来,该直升机已在多个国家和地区的军队中被广泛使用,在冷战期间和后来的地区冲突中以其强大的火力和灵活的运输能力赢得了广泛赞誉。目前,该直升机仍有大量在服役中,并进行了多次升级和改进以适应现代战争的需求,它及其后续改型是世界上最广为人知的武装攻击直升机之一。

## 基本参数

| | |
|---|---|
| 长度 | 18.8米 |
| 旋翼直径 | 17.1米 |
| 高度 | 6.5米 |
| 空重 | 8.2~8.5吨 |
| 最大起飞质量 | 11.5~12吨 |
| 最大速度 | 335千米/时 |
| 实用升限 | 4.5千米 |
| 最大航程 | 500千米 |
| 动力系统 | 2台TV3-117涡轴发动机 |

## ■ 性能特点

米-24"雌鹿"武装直升机的主要武器是集束炸弹、高爆炸弹和火箭弹。它不仅可以高速贴地飞行,作为有效的反坦克武器,还可以用作空战中消灭敌方直升机的得力武器,也能担负为米-8和米-17机群护航的任务。在战斗任务中,如果携带有火箭弹吊舱和炸弹,该直升机飞行员会先发射火箭弹再以机枪扫射,为后座的武器操作员提供充裕的时间瞄准和投弹。

▲ 米-24 "雌鹿" 武装直升机

相关链接 >>

1979 年 4 月，阿富汗政府军接收首批米-24 "雌鹿" 武装直升机用以对付阿富汗游击队。该直升机承担了 33% 的 "计划中" 的攻击任务，也承担了 75% 的近距火力支援任务。受制于阿富汗多山的环境，该直升机不但无法表现其高速的优点，反而在起飞、降落时十分危险，高速转弯也易使其失速坠落。驻扎在库因都兹的部队第一年就因此损失了 6 架米-24 "雌鹿" 武装直升机。

# 米-28"浩劫"武装直升机

## ■ 简要介绍

米-28"浩劫"武装直升机是苏联/俄罗斯米里设计局研制的一款单旋翼带尾桨全天候专用武装直升机，能够执行多种作战任务，包括反坦克、对地攻击、空中支援等。它采用了先进的飞行技术和武器系统，具备强大的火力和卓越的生存能力。

面对美国AH-64"阿帕奇"武装直升机的压力，苏联决定研制一款新型武装直升机以提升自身作战能力。米-28"浩劫"武装直升机的研发始于20世纪70年代，设计过程中大量借鉴了AH-64的技术特点。经过多次试飞和改进，该直升机于1982年成功首飞，并在随后的几年中完成了各项测试和验证工作。然而，由于苏联解体和资金短缺等原因，该直升机的研制和服役过程一波三折，1996年才开始服役，虽然初期数量有限，但逐渐成为俄罗斯空天军的重要装备之一。

在服役中，米-28"浩劫"武装直升机在多次军事行动和演习中表现出色，以其强大的火力和卓越的生存能力赢得了广泛赞誉。同时，该直升机还出口到多个国家，成为国际军贸市场上备受关注的武装直升机之一。

| 基本参数 | |
|---|---|
| 长度 | 16.85米 |
| 旋翼直径 | 17.2米 |
| 高度 | 4.81米 |
| 空重 | 7吨 |
| 最大起飞质量 | 11.4吨 |
| 最大速度 | 350千米/时 |
| 实用升限 | 5.8千米 |
| 最大航程 | 470千米 |
| 动力系统 | 2台TV3-117涡轴发动机 |

## ■ 性能特点

米-28"浩劫"武装直升机具有超高的负载能力，机载光学瞄准系统性能良好，具有很好的操纵性，即使是技术不太娴熟的飞行员都可以很快驾驭；其机动性很好，生存能力很强，驾驶座舱和机载设备可以抵御敌方防空火力的攻击，在远距离和十分复杂的地形先发现敌方，并进行攻击，除此之外，该直升机还具有20米以下的超低空突防能力。

▲ 米-28"浩劫"武装直升机

### 相关链接 >>

1995年10月7日，俄罗斯空天军一架米-28"浩劫"武装直升机运抵瑞典鲁尔卡空军基地，与美国AH-64"阿帕奇"武装直升机一道参加瑞典军方举行的招标活动。在对抗模拟演习中，米-28"浩劫"武装直升机要完成2项对抗模拟演习科目：第一项是对己方装甲部队实施掩护；第二项是对战场敌方战术目标实施突击。结果，米-28"浩劫"武装直升机每一项都表现优异，大受瑞典军方青睐。

# 卡-50/52 武装直升机

## ■ 简要介绍

卡-50/52 武装直升机是苏联/俄罗斯研制的两款多用途武装直升机，它们在设计上独具特色，且在国际上享有盛誉。卡-50 武装直升机是世界上首款采用单人座舱、共轴反转螺旋桨和装备弹射救生座椅的近距支援武装直升机。卡-52 武装直升机则是卡-50 武装直升机的衍生型号，采用并列双座布局，增强了作战灵活性和任务多样性。

卡-50 武装直升机由苏联卡莫夫设计局（现俄罗斯直升机公司）于 1977 年完成设计，1982 年完成首飞，1995 年正式服役。卡-52 武装直升机作为卡-50 武装直升机的改进型，于 20 世纪 90 年代末开始研制，2011年服役。它针对卡-50 武装直升机在实战中暴露出的问题进行了优化，如增加了第二乘员位置，提升了作战效能。

两款直升机在俄罗斯军队中均扮演着重要角色，参与了多次军事行动和演习。它们凭借出色的机动性、火力和生存能力，赢得了广泛的认可。此外，这两款直升机还引起了国际市场的关注，成为俄罗斯军贸出口的重要产品之一。

▲ 卡-52 武装直升机

### 基本参数（卡-52）

| | |
|---|---|
| 长度 | 15.96米 |
| 旋翼直径 | 14.43米 |
| 高度 | 4.93米 |
| 空重 | 8.3吨 |
| 最大起飞质量 | 10.4吨 |
| 最大速度 | 350千米/时 |
| 实用升限 | 5.5千米 |
| 最大航程 | 1100千米 |
| 动力系统 | 2台TV3-117BM涡轴发动机 |

## ■ 性能特点

卡-50 武装直升机能够从高速飞行状态中突然进入悬停，且位置准确，稳定性好，能在近乎静止的状态中使用机载武器。座舱具有双层防护钢板，其防弹玻璃能够抵挡住 12.7 毫米子弹的射击。卡-50/-52 武装直升机的主要武器是 AT-9 导弹，一次可携带 16 枚，分 4 组挂载在两侧短翼下的 4 个挂架上。此导弹也可用于空战，甚至能攻击海上的导弹快艇。

▲ 卡-50武装直升机

相关链接 >>

只有1名驾驶员的卡-50武装直升机的问世，掀开了直升机历史新的一页。驾驶员不仅要操纵直升机飞行，还要搜索、跟踪目标，并发射反坦克导弹实施攻击。而卡-52武装直升机被称作"智能"型直升机，具有最新的自动目标指示仪和独特的高度程序，能为战斗直升机群进行目标分配，以充分协调机群的作战行动。

# S-70"猎人-B"无人机

## ■ 简要介绍

S-70"猎人-B"无人机是俄罗斯研制的第一款具备高度隐身性能和强大作战能力的无人机，不仅拥有独特的飞翼布局设计，还内置了双武器舱，能够携带多种制导和非制导空对地弹药，执行侦察、打击等多种任务，被认为是俄罗斯六代机的原型机。

S-70"猎人-B"无人机的研发始于2011年，由苏霍伊设计局负责开发，契卡洛夫新西伯利亚航空厂制造，研发过程中借鉴了苏-57战斗机的部分技术，并采用了先进的隐身材料和设计，以最大限度地减小雷达反射截面积，提高生存能力。

经过多年的研发和测试，S-70"猎人-B"无人机在2019年完成了首飞，并在此后参与了多次测试飞行和演习。据俄罗斯国防部计划，S-70"猎人-B"无人机将于2024年开始向俄罗斯空天军批量交付，并逐步服役。这款无人机将作为俄罗斯空天军未来的重要装备之一，执行各种复杂环境下的作战任务，为俄罗斯军队提供强大的空中支援和打击能力。

| 基本参数 | |
|---|---|
| 长度 | 13.6米 |
| 翼展 | 17.6米 |
| 高度 | 2.8米 |
| 最大起飞质量 | 约22吨 |
| 最大速度 | 1000千米/时 |

## ■ 性能特点

S-70"猎人-B"无人机的任务以对地、对海打击为主，常常要携带Kh29、Kh59空地导弹，甚至是Kh31改进型反辐射导弹、航空炸弹，还要有自卫的格斗弹，因此载弹量可达5吨，远远超过了俄罗斯空天军服役的任何飞机的质量。该机使用隐身技术的"飞翼"，机身形状经过优化，复合机身覆盖有可吸收雷达波的涂料，能最大限度地减弱雷达信号。

相关链接 >>

据报道，S-70"猎人-B"无人机在隐身方面做得并不够好，其发动机的后半段和喷口几乎完全裸露在外，从残骸也可以看出，该机的机翼和机身接缝粗糙，也没有做好各种隐身细节，因此即使该机能够做到某种程度的隐身，其雷达散射面积也相对较大。此外，该无人机在遥控数据链被干扰后的自主行动方面仍有缺陷。

▲ S-70"猎人-B"无人机

# A-50 "支柱"预警机

## 简要介绍

A-50"支柱"预警机是苏联研制的一款大型喷气式空中预警机，以其强大的雷达探测能力和指挥控制能力而闻名，是苏联空中预警与控制力量的重要组成部分。该机装备了先进的雷达系统，能够远距离探测和跟踪空中目标，为战斗机提供指挥和引导。

A-50"支柱"预警机的研发工作始于20世纪，旨在替代当时苏联装备的图-126预警机。该机在研制过程中采用了许多先进的技术和设计理念，如旋转雷达天线罩、先进的雷达系统等，使其具备了出色的预警和指挥能力。

经过多年的努力，首架A-50"支柱"预警机原型机于1978年底完成首飞，随后在1984年正式进入部队服役。自服役以来，A-50"支柱"预警机在苏联/俄罗斯空军的多次军事行动和演习中发挥了重要作用。它不仅能够为战斗机提供远程预警和指挥引导，还能够执行空中警戒、侦察等多种任务。目前，A-50预警机仍然是俄罗斯空天军的重要装备之一，并在不断接受升级和改进以适应现代战争的需求。

| 基本参数 | |
|---|---|
| 长度 | 46.59米 |
| 翼展 | 50.5米 |
| 高度 | 14.76米 |
| 空重 | 75吨 |
| 最大起飞质量 | 190吨 |
| 最大速度 | 800千米/时 |
| 实用升限 | 12千米 |
| 最大航程 | 7500千米 |
| 动力系统 | 4台D-30KP涡扇发动机 |

## 性能特点

A-50"支柱"预警机最明显的特点是在机翼后的机身背部装有直径9米的雷达天线罩，比美国的E-3A靠前，故前半球视界不如后者，但采用高平尾，后半球视界优于后者。其雷达作用距离可达400-600千米，除了可以清晰且准确地显示目标信号、种类、距离之外，还可以全景方式显示电子计算机的处理结果，以及己方飞机的综合情况。

▲ A-50"支柱"预警机

相关链接 >>

A-50"支柱"预警机与美国的预警机在用途、编程甚至机组人员的数量上几乎如出一辙,但是在具体实施预定方案时有一些差别。比如电子技术水平上,美国预警机上安装的是成套的电子计算机;A-50"支柱"预警机上的计算机是利用混合微电路重新制作的,指示器也是按照设计要求重新制作的,尤其低空识别能力优于美国的 E-3 预警机。

# 图-214R 侦察机

## ■ 简要介绍

图-214R 侦察机是俄罗斯图波列夫设计局研制的一款战略侦察机，该机集成了多种先进的侦察设备，包括高分辨率的光电系统、合成孔径雷达和红外探测仪等，能够执行复杂的侦察任务。

随着现代战争对情报侦察需求的不断增加，俄罗斯决定在图-214 客机的基础上研制一款新型侦察机。图-214R 的研制工作大约于 21 世纪初启动，由图波列夫设计局牵头，并得到了多家俄罗斯企业的支持。经过数年研发和测试，首架图-214R 侦察机于 2009 年建造完成，并在年底进行了首次飞行测试。随后，该机型经历了多年的实验性应用和改进，最终进入全面服役阶段。

图-214R 侦察机在通过严格的测试和评估后，开始正式服役于俄罗斯军队。自服役以来，在多次军事行动和演习中表现出色，它不仅能执行常规的侦察任务，还能根据需要进行长时间的飞行和侦察作业，为俄罗斯军队提供宝贵的情报支持。

| 基本参数 | |
|---|---|
| 长度 | 46.14米 |
| 翼展 | 41.8米 |
| 高度 | 13.9米 |
| 最大起飞质量 | 110.75吨 |
| 最大速度 | 900千米/时 |
| 最大航程 | 4800千米 |
| 动力系统 | 2台PS-90A涡扇发动机 |

## ■ 性能特点

图-214R 侦察机采用 2 台涡扇发动机，单台推力 156.9 千牛。机翼内有 6 个整体油箱，尾翼内有 1 个油箱，燃油总容量达 3 万升。采用二余度数字式电传操纵系统，并带有备份的三余度模拟式电传操纵系统，3 套独立的液压系统。基本型的飞行仪表系统有 2 套彩色 CRT 屏幕供飞行和导航使用，另 2 个 CRT 屏幕显示发动机状态和系统数据。

## 相关链接 >>

图 -214R 侦察机这些年来一直非常低调，对外透露的信息也非常少。仅在 2012 年 5 月 24 日，它首次被一名俄罗斯摄影师拍到，也就是在同一天，该机的图片出现于俄罗斯网站上。公开的这架图 -214R 的注册编号为 RA-64511，由喀山飞机制造厂生产。

▲ 图 -214R 侦察机

# 伊尔-20M "黑鸭" 电子侦察机

## ■ 简要介绍

伊尔-20M "黑鸭" 电子侦察机是苏联伊留申设计局在伊尔-18运输机的基础上改进而来的一款电子侦察机，具备强大的电子侦察和信号情报收集能力。它主要用于执行区域性电子侦察任务，为苏联/俄罗斯军队提供重要的情报支持。

20世纪50年代，为了支持民航发展需要，苏联开始筹划研制一款中型客机。伊留申设计局的伊尔-18客机因优异的性能很快被苏联军方看中，并计划将其改造为反潜机和电子侦察机。在伊尔-18客机的基础上，伊留申设计局进行了大量改进工作，不仅更换了发动机，还加装了天线罩与大量天线，配备了先进的电子侦察设备。

经过多年的研发和测试，伊尔-20M "黑鸭" 电子侦察机于1970年正式装备部队。服役以来，一直是苏联/俄罗斯空军的重要侦察装备。伊尔-20M一共生产了20架，目前全部保持完好状态，并部署在俄罗斯的重要军事基地，以应对各种侦察需求。

## 基本参数

| 基本参数 | |
|---|---|
| 长度 | 35.9米 |
| 翼展 | 37.42米 |
| 高度 | 10.17米 |
| 空重 | 36吨 |
| 最大起飞质量 | 64吨 |
| 最大速度 | 675千米/时 |
| 侦察高度 | 6~7千米 |
| 最大航程 | 6500千米 |
| 系统动力 | 4台AI-20M涡轮螺旋桨发动机 |

## ■ 性能特点

伊尔-20M "黑鸭" 电子侦察机保持了伊尔-18运输机的舷窗，在其他方面也做了全面改进，以执行信号情报任务。前机身下有一个巨大的独木舟型的整流罩，上面的天线被认为是卫星通信系统的一部分；机身两侧的对称矩形整流罩内装有光学或红外传感器，机身下独木舟型整流罩一般认为装有J波段机载侧视雷达天线。

▲ 伊尔-20M "黑鸭" 电子侦察机

相关链接 >>

　　与美国的侦察机相比，伊尔-20M "黑鸭" 电子侦察机在飞行高度、速度等技术水平和飞行性能方面可能存在差异。如美国的 U-2 "蛟龙夫人" 侦察机飞行高度可达 27000 米，SR-71 "黑鸟" 侦察机更是创下了极高的速度和高度纪录。不过伊尔-20M "黑鸭" 电子侦察机是由民用运输机改装而来，在一些性能指标上可能侧重于电子侦察设备的搭载和区域侦察任务的执行能力等。

# 伊尔-22PP"伐木人"电子战飞机

## ■ 简要介绍

伊尔-22PP"伐木人"电子战飞机是俄罗斯研制的一款在安-18运输机基础上改造而成的专用电子战飞机。它利用先进的电子战系统，能够有效压制敌方预警机和雷达，掩护己方武装力量，在俄罗斯空天军特种航空部队中发挥着重要作用。

在20世纪90年代，俄罗斯选择了伊安-18运输机作为载机，并在其基础上进行了大量改造工作。改造包括安装新型电子战系统、增强机体结构、优化航电设备等，于2016年底至2017年初正式交付俄罗斯空天军使用。

伊尔-22PP"伐木人"电子战飞机在服役后迅速成为俄罗斯空天军的重要装备之一，参与了多次军事演习和实战任务。其强大的电子战能力得到了实战的验证和认可。该飞机共制造了3架，每架都具备高度的作战能力和战术灵活性。

| 基本参数 | |
|---|---|
| 长度 | 35.9米 |
| 翼展 | 37.42米 |
| 高度 | 10.17米 |
| 最大起飞质量 | 61.4吨 |
| 最大速度 | 685千米/时 |
| 最大航程 | 6500千米 |
| 动力系统 | 4台AN-20M型涡轮螺旋桨发动机 |

## ■ 性能特点

伊尔-22PP"伐木人"电子战飞机主要航电设备就是"秋葵"侦察/有源干扰系统，安装在机身两侧的4个雷达整流罩里面，还安装了L-415电子对抗天线，用来进行信号情报搜集与防区外干扰，舱室内部被分割成多个空间执行不同任务。

▲ 伊尔 -22PP "伐木人" 电子战飞机

相关链接 >>

伊尔 -22PP "伐木人" 电子战飞机是处于地面与太空之间，具有影响和干扰地面导航系统、空中作战飞机和敌方军事卫星通信的优势，这样就远比安装在地面的雷达站和电子干扰车辆性能更好；另外，位于高空的伊尔 -22PP "伐木人" 电子战飞机不会像那些固定雷达一样，被弹道导弹和巡航导弹轻易击中。

# 伊尔 -78 加油机

## 简要介绍

伊尔 -78 加油机是苏联研制的一款基于伊尔 -76 军用运输机改装的空中加油机，主要用于给远程飞机、前线飞机和军用运输机进行空中加油，以提升这些飞机的作战半径和续航能力。

伊尔 -78 加油机的研发工作始于 20 世纪 80 年代，苏联在伊尔 -76MD 运输机的基础上进行了大量改装工作。经过多年的研发和测试，伊尔 -78 加油机于 1983 年首飞成功，并于 1987 年正式服役。服役以来，一直是苏联 / 俄罗斯空军的重要装备之一。

在多次军事行动和演习中，伊尔 -78 加油机都发挥了重要作用，为俄罗斯空天军的远程作战提供了有力支持。其强大的加油能力和灵活的部署方式，使得俄罗斯空天军能够在更广泛的区域内执行作战任务。目前，俄罗斯空天军拥有一定数量的伊尔 -78 加油机，并根据需要将其部署到关键地区以支持作战行动。此外，伊尔 -78 加油机还出口到了一些其他国家，如印度、巴基斯坦等。

| 基本参数 | |
|---|---|
| 长度 | 46.59米 |
| 翼展 | 50.50米 |
| 高度 | 14.76米 |
| 空重 | 98吨 |
| 最大起飞质量 | 210吨 |
| 最大速度 | 830千米/时 |
| 实用升限 | 11.2千米 |
| 最大航程 | 10000千米 |
| 动力系统 | 4台D30KP-2涡扇发动机 |

## 性能特点

伊尔 -78 加油机采用当时使用比较广泛的"软管"式空中加油系统，在机上共设有 3 个空中加油吊舱。其最大可供油量达 65 吨，供油 30 吨时的空中加油活动半径为 2500 千米。该机输油软管的拖出长度要大一些，在进行空中加油时安全性自然也就相对较高一些。新研制的 UPAZ-1M 空中加油吊舱输油能力提高为大约 2340 升 / 分钟。

▲ 伊尔-78加油机

**相关链接 >>**

　　苏联解体后，实力大幅缩水的乌克兰虽然接收了约20架伊尔-78加油机，但这些加油机对乌克兰来说已毫无用处。乌克兰便将其用于商业运营，却又发现效果不佳，便打算将这批伊尔-78油机销往有需求的国家。1999年，阿尔及利亚与乌克兰达成购买6架伊尔-78油机的合同；之后印度获得了6架；巴基斯坦也随即在2006年决定购买4架。

# 伊尔-80 "大圆顶" 指挥机

## ■ 简要介绍

伊尔-80 "大圆顶" 指挥机是苏联伊留申设计局研制的一款空中指挥机。该机主要用于在核战争等极端情况下，撤离国家最高军事领导人，确保对陆基、海基和空基战略核部队的有效指挥与控制。

伊尔-80 "大圆顶" 指挥机是在伊尔-86客机的基础上改造而成的。苏联共升级了4架伊尔-80 "大圆顶" 指挥机，以应对核战争等特殊环境。该机于1985年5月29日成功首飞，并于1987年3月5日正式服役。自服役以来，一直是俄罗斯空军的重要装备之一。

作为俄罗斯最高级别的国家级空中指挥机，伊尔-80 "大圆顶" 指挥机在多次军事演习中展示了其强大的指挥与控制能力。它能够在核战争等极端情况下，确保国家高层对武装部队的有效指挥，是俄罗斯战略威慑力量的重要组成部分。目前，3架伊尔-80 "大圆顶" 指挥机仍继续服役俄罗斯空天军，这些飞机长期处于严格的保密状态，以确保其安全性和可靠性。

| 基本参数 | |
|---|---|
| 长度 | 约59.54米 |
| 翼展 | 48米 |
| 高度 | 15.81米 |
| 最大起飞质量 | 208吨 |
| 最大速度 | 950千米/时 |
| 实用升限 | 11千米 |
| 最大航程 | 4300千米 |
| 动力系统 | 4台NK-86型涡扇发动机 |

## ■ 性能特点

伊尔-80 "大圆顶" 指挥机内置卫星通信天线，机背上还有高频、超高频通信和卫星导航等专用天线。它属于最高级别的国家级空中指挥机，有权动用它的只能是俄罗斯的最高层政府和军队领导人，必要时将从空中对陆基、海基和空基战略核部队实施指挥和控制。由于最初是为全面核大战的爆发而准备的最后手段，媒体就形象地称该机为 "末日飞机"。

▲ 伊尔 -80 "大圆顶"指挥机

相关链接 >>

　　2010 年，伊尔 –80 "大圆顶"指挥机成为莫斯科阅兵式上最为神秘的装备，令人感到非常惊奇。这种核大战思维下的产物，目的是在大规模核打击开始后，在空中保存一个有效的全国性指挥中心。俄罗斯在本次阅兵中如此高调地展示这样的系统，尤其和 S–400 反导系统同时出现，意味着俄罗斯在彰显自身的反导能力。

# 伊尔-76"耿直"运输机

## 简要介绍

伊尔-76"耿直"运输机是苏联伊留申设计局研制的一款中远程大型军民两用运输机，以卓越的运输能力和多用途性能著称。该机不仅被广泛应用于军事运输任务，还被改装用于特种飞机平台，如空中预警机、空中加油机、电子战飞机等。

20世纪60年代末，苏联为了提升军事空运能力，急需一款航程更远、载重更大、速度更快的新式军用运输机。在此背景下，伊留申设计局参考美国C-141运输机，开始研制伊尔-76"耿直"运输机。伊尔-76"耿直"运输机于1971年3月25日首次试飞成功，经过一系列测试和改进后，于1974年6月正式服役。

自服役以来，该机在多次军事行动和救灾任务中发挥了重要作用，如参与尼泊尔地震救援等，其卓越的性能和可靠性得到了广泛认可。目前，伊尔-76"耿直"运输机及其衍生型号仍在不断升级和改进中，最新型的伊尔-76MD-90A装备了新一代发动机和航电系统，进一步提升了性能和作战能力。

### 基本参数

| 基本参数 | |
|---|---|
| 长度 | 46.6米 |
| 翼展 | 50.5米 |
| 高度 | 14.76米 |
| 空重 | 92.5吨 |
| 最大起飞质量 | 190吨 |
| 最大航速 | 825千米/时 |
| 最大航程 | 6700千米 |
| 动力系统 | 4台D-30KP-ser.2发动机 |

## 性能特点

伊尔-76"耿直"运输机军用型机翼下有4个外挂点，每个可挂500千克炸弹、照明弹、标志弹。机上装有自动飞行操纵系统计算机和自动着陆系统计算机；机头雷达罩内装有大型气象和地面图形雷达。为适应粗糙的前线机场跑道，采用了低压起落架系统及能在起降阶段低速飞行时提供更大升力的前后襟翼。机内装有绞车、舱顶吊车、导轨等必备的装卸设备。

▲ 伊尔-76 "耿直" 运输机

**相关链接 >>**

　　伊尔-76 "耿直" 运输机由于设计时的各种局限，货舱宽度有限，以致苏军主战坦克必须拆除侧裙板才能装进货舱内；而且该机载重也有限，这些缺点在改进型伊尔-76MФ 上得到了改进。相关人士称，经现代化改造的伊尔-76MФ 军用运输机计划在 2009 年完成国家联合试验，并将于 2010 年开始装备俄罗斯空军。

# 安-22"雄鸡"运输机

## ■ 简要介绍

安-22"雄鸡"运输机是苏联安东诺夫设计局研制的一款远程重型军用运输机，被誉为人类历史上制造过的最大的涡桨飞机，主要用于运送苏联空降兵部队和大尺寸、大重量的军事装备，实现远程部署。其设计充分考虑了苏联的地理和气候条件，具备在边远地区简易机场起降的能力。

安-22"雄鸡"运输机于1962年开始研制，1965年2月首次试飞成功，1966年投入批量生产，1967年正式交付部队使用，1974年停产。

安-22"雄鸡"运输机自服役以来，在苏联/俄罗斯空军的军事行动中发挥了重要作用，展现了其卓越的运输能力和战术灵活性。随着新型运输机的出现和技术的不断进步，该机已逐步退出历史舞台。目前，仅有少量仍在服役或作为备用机使用。

| 基本参数 | |
|---|---|
| 长度 | 57.9米 |
| 翼展 | 64.4米 |
| 高度 | 12.53米 |
| 空重 | 114吨 |
| 最大起飞质量 | 250吨 |
| 最大航速 | 740千米/时 |
| 实用升限 | 7.5千米 |
| 最大航程 | 11000千米 |
| 动力系统 | 4台HK-12 MA涡轮螺旋桨发动机 |

## ■ 性能特点

安-22"雄鸡"运输机的货舱容积为640立方米，可运载地空导弹、火箭发射车、导弹运输车、坦克、汽车等。驾驶舱内乘员5~6人，驾驶舱后面有一个与主货舱隔开的可容纳28~29名乘客的机舱。该机投入服役之初，是苏联唯一可运载T-62主战坦克的运输机。

▲ 安-22 "雄鸡" 运输机

**相关链接 >>**

由于安-22 "雄鸡" 运输机的经济性和安全性不好，订货不多，只生产了 85 架就停产了。安东诺夫设计局曾试图将该机的机身加长，改型成双层客舱的民用客机，载 700 名乘员，但由于技术难度大，又没有适用的大功率发动机，所以这项计划未能实现。后来，安东诺夫设计局研制出新型安-124 重型运输机来代替安-22 "雄鸡" 运输机。

# 安-124 "狮子" 运输机

## 简要介绍

安-124 "狮子" 运输机是由苏联安东诺夫设计局研制的一款远程战略运输机，主要用于运输坦克、战斗机及大型军用设备等，是当时世界上最大的生产型飞机之一。

安-124 "狮子" 运输机的研发始于 20 世纪 70 年代，设计团队充分利用了安-22 的技术储备，进行了大量的创新和改进。经过多次测试和修改，首架原型机于 1982 年 12 月 26 日成功首飞。

安-124 "狮子" 运输机于 1986 年开始装备部队，并迅速成为苏联/俄罗斯空军的重要装备之一。该机在多次军事行动和救灾任务中发挥了重要作用，展示了其卓越的性能。同时，该机也被用于商业运输领域，成为世界上第一款能够运送超大型货物的民用飞机。到 1995 年为止，共生产了 56 架安-124 "狮子" 运输机，目前，仍有部分在服役，为俄罗斯及其他国家的军事和民用运输任务提供支持。

| 基本参数 | |
|---|---|
| 长度 | 69.1米 |
| 翼展 | 73.3米 |
| 高度 | 21.08米 |
| 空重 | 17.5吨 |
| 最大起飞质量 | 405吨 |
| 最大航速 | 865千米/时 |
| 实用升限 | 12千米 |
| 最大航程 | 15000千米 |
| 动力系统 | 4台P-18T涡扇发动机 |

## 性能特点

安-124 "狮子" 运输机的机头和机尾均设有全尺寸货舱门，分别向上、向左、向右打开，货物能从贯穿货舱自由出入。机腹贴近地面，方便装卸工作。起落架为前三点式，采用 24 个机轮。其货舱分为上下两层，载重可达 150 吨。这一指标约为美国 C-17 的 2 倍，C-5 的 1.25 倍，安-22 的 1.875 倍。

▲ 安-124"狮子"运输机

**相关链接 >>**

安-124"狮子"运输机在1985年创下了载重171.219吨物资、飞行高度10.75千米的纪录,打破了由C-5"银河"运输机创造的载重、高度原世界纪录,并拥有20多项国际航空联合会(FIA)承认的世界飞行纪录。机上安排有厕所、洗澡间、厨房和2个休息间,远程飞行时飞行员可以得到较好的休息。

# A-100 预警机

## ■ 简要介绍

A-100 预警机是俄罗斯研制的新一代远程雷达探测和控制飞机，也被称为"首相"。该预警机自 2004 年开始研发，旨在替代老旧的 A-50 预警机，提升俄罗斯空军的空中态势感知能力。

A-100 预警机基于伊尔 -76MD-90A 军用运输机平台改装，采用先进的 PS-90A 涡轮风扇发动机，显著提升了航程和载荷能力。其机载雷达系统尤为先进，采用独特的双面阵列设计，包括 S 波段雷达和专门优化过的 UHF 波段反隐身雷达，能够有效探测和跟踪各类空中及海上目标，包括隐身战机，极大增强了探测能力。

A-100 预警机还配备了高度自动化的数据传输系统和电子战系统，能够在不涉及语音通信的情况下全自动传输数据，另外，它还具备强大的抗干扰能力。这些特点使得该机在现代战争中能够发挥重要作用，提升作战效率，增强保密性。

2017 年以来，A-100 预警机已经进行了多次试飞，并计划在 2024 年开始服役，为俄罗斯空天军提供更强大的预警和指挥能力。

| 基本参数 | |
|---|---|
| 长度 | 46.59米 |
| 翼展 | 50.5米 |
| 高度 | 14.76米 |
| 最大起飞质量 | 195吨 |
| 最大航速 | 900千米/时 |
| 最大航程 | 7500千米 |

## ■ 性能特点

A-100 预警机作为新一代远程雷达探测和控制飞机，采用了"圆顶 -3"全数字飞控和导航系统，以及玻璃化座舱设计。这些技术的应用降低了飞机质量，并显著提升了飞机的自动化程度和飞行性能。该机最为引人注目的特点是其独特的双面阵列雷达设计，能够同时跟踪超过 300 个空中目标，并且对非隐身目标探测距离超过 600 千米

相关链接 >>

A-100 预警机配备了多种电子战系统，用于干扰敌方雷达和通信系统，进一步增强了其作战效能和生存能力，加之具有较大的作战半径，能够覆盖更广泛的空域和海域，为俄罗斯空天军提供更为全面的空中态势感知能力。

▲ A-100 预警机

# S-500 防空导弹系统

## ■ 简要介绍

　　S-500 防空导弹系统是俄罗斯新一代空天防御系统，由金刚石－安泰公司设计制造，它由战术指挥控制系统、防空反导作战单元和防天反导作战单元三大基本部分组成，具备拦截中远程弹道导弹、高超声速飞行器、低轨卫星等多种目标的能力，是世界上独一无二的移动式防空导弹系统。

　　S-500 防空导弹系统的研发始于 2005 年，在 S-400 的基础上进行了全面升级，采用了更先进的雷达探测技术和导弹拦截技术，显著提升了防空反导能力。历过多年努力，于 2014 年试射成功。据俄罗斯官方消息，该系统的测试工作已顺利收尾，并计划于 2025 年开始批量交付部队。

| 基本参数（S-400） | |
|---|---|
| 最大射高 | 30千米 |
| 最大射程 | 380千米 |
| 最大速度 | 4284千米/时 |

## ■ 性能特点

　　S-500 防空导弹系统包括 1 个带有自动控制系统的战斗指挥所，可以通过移动天线柱塔和其他特殊设备进行加固。该综合体的所有组件都将安装在由俄罗斯布良斯克汽车厂或白俄罗斯明斯克轮式牵引车厂制造的多轴高通道底盘上，雷达综合体负责远程搜索和识别弹道及空气动力目标。由于该导弹系统旨在摧毁巡航导弹和高超声速导弹、飞机和直升机以及无人机，因此它甚至可以在低轨道卫星上"工作"。

▲ S-500 防空导弹系统

**相关链接 >>**

　　1958 年，时任美国空军参谋长的托马斯·D. 怀特创造了一个新词"空天"，这一设想为世界拉开了空天一体战的序幕。20 世纪 90 年代，俄罗斯认识到美军的空天进攻力量将对俄罗斯的空天安全构成严重威胁，于是便在 S-400 防空导弹系统的基础上发展具有空天防御功能的新型武器系统，即 S-500 防空导弹系统诞生。

# "匕首"高超声速导弹

## ■ 简要介绍

"匕首"高超声速导弹是俄罗斯研制的一款具有划时代意义的空射型高超声速导弹，其以高超声速飞行技术为基础，飞行速度超过6倍音速，射程超过2000千米，可携带核弹头，主要用于精确打击陆上和海上目标。

"匕首"高超声速导弹的研发始于俄罗斯对高超声速技术的深入探索。它并非全新研制的导弹，而是在"伊斯坎德尔"短程弹道导弹的基础上改进而来，旨在扩大空射导弹的射程并提高穿透敌人防空系统的能力。随着技术的不断成熟，俄罗斯成功地将这款导弹推向了实战应用。

"匕首"高超声速导弹于2017年12月1日正式服役，并迅速成为俄罗斯空天军的重要打击力量之一，在多次演习和实战中表现出色。

| 基本参数 | |
|---|---|
| 弹长 | 约7.7米 |
| 弹径 | 约1.7米 |
| 发射重量 | 0.48~0.7吨 |
| 最大速度 | 约12240千米/时 |
| 最大射程 | 超过2000千米 |

## ■ 性能特点

"匕首"高超声速导弹配有双模式发射和固体推进剂的火箭发动机，能以12250千米/小时的速度飞行，可携带常规的高爆炸药或低当量核弹头。其控制系统的特点是全天候自主惯性，并有卫星导航能力的现代制导系统，使其在飞行的所有阶段能进行机动规避动作。同时装有主动雷达导引头，在末段可主动跟踪目标，极大提高了目标搜索能力和命中率。

▲ "匕首"高超声速导弹

**相关链接 >>**

　　"匕首"高超声速导弹主要由米格-31K战斗机携带和发射，米格-31K可以为它提供一个很高的初速度，也能让其变得灵活机动。而且该导弹采用了低可探测性材料和设计，提升了隐身性能，在飞行初段和中段时能大大减少被敌方防空系统探测的可能性，而且其加速时间短，更难以被拦截。

图书在版编目（CIP）数据

俄罗斯尖端武器 / 张学亮编著 . -- 北京 : 海豚出版社 , 2025. 5. -- ( 军迷·武器爱好者丛书 ). -- ISBN 978-7-5110-7289-4

Ⅰ . E512.447-49

中国国家版本馆 CIP 数据核字第 2025VE3881 号

出 版 人：王 磊

责任编辑：肖惠蕾 王 婵
责任印制：于浩杰 蔡 丽
法律顾问：北京市君泽君律师事务所 马慧娟律师 刘爱珍律师
出 版：海豚出版社
地 址：北京市西城区百万庄大街 24 号
邮 编：100037
电 话：010-68325006（销售） 010-68996147（总编室）
传 真：010-68996147
印 刷：河北松源印刷有限公司
经 销：全国新华书店及各大网络书店
开 本：1/16（710mm×1000mm）
印 张：13.5
字 数：200 千
印 数：10000
版 次：2025 年 5 月第 1 版 2025 年 5 月第 1 次印刷
标准书号：ISBN 978-7-5110-7289-4
定 价：99.00 元